Arnold Schacht/Herbert Frese

Selbstverteidigung
für Friedfertige

Abwehrtechniken für den Alltag

Sportverlag Berlin

Lektorat: Julia Niehaus
Umschlaggestaltung: Volkmar Schwengle/Buch und Werbung, Berlin
Fotos: Herbert Frese
Satz und Repro: LVD GmbH, Berlin
Druck und Bindung: Cayfosa Industria Gráfica, Barcelona
Printed in Spain 1999
ISBN 3-328-00837-3

Gedruckt auf alterungsbeständigem Papier
mit chlorfrei gebleichtem Zellstoff

Die Deutsche Bibliothek – CIP-Einheitsaufnahme
Selbstverteidigung für Friedfertige : Abwehrtechniken für den Alltag /
Arnold Schacht/Herbert Frese. – Berlin : Sportverl., 1999
ISBN 3-328-00837-3

INHALTSVERZEICHNIS

EINLEITUNG

Jeder Mensch, der sich mit einem für ihn neuen Thema befassen möchte, sucht und sammelt zunächst Informationen. Im Falle der Selbstverteidigung gibt es sehr viele Publikationen unterschiedlicher Praxisnähe. Darunter ist sehr gute, empfehlenswerte Literatur, darunter sind aber auch erschreckende Beispiele absoluter Unerfahrenheit mit diesem sensiblen Thema. Doch unabhängig davon, wie praktikabel die vorgeschlagenen Technikkombinationen sein mögen, haben alle Bücher einen gemeinsamen Nenner: Sie basieren alle auf einem mehr oder weniger übereinstimmenden Katalog von Grundtechniken der Selbstverteidigung.

Diese stehen auch im Mittelpunkt dieses Buches. Auf Tips, wann, wie und in welcher Art der Ausführung eine bestimmte Technik angewandt werden sollte, haben die Autoren weitgehend verzichtet, da sie den Rahmen sprengen würden. Es wurden lediglich einige Fallbeispiele eingestreut, die von Teilnehmern der Selbstverteidigungskurse stammen, die die Autoren sowohl bei der Polizei als auch auf privatem Sektor erteilen. Ziel dieses Buches ist es, Ihnen wirkungsvolle Selbstverteidigungstechniken vorzustellen und Trainingsmöglichkeiten aufzuzeigen. Wann Sie welche Technik gegen welchen Angriff einsetzen, ist immer auch eine persönliche Entscheidung und eine Frage der körperlichen Voraussetzungen des Verteidigers.

Es liegt auf der Hand, daß Ihnen bei der Erarbeitung Ihrer individuellen Selbstverteidigung Hilfe von außen nützlich sein kann und es daher unbedingt empfehlenswert ist, nach dem anfänglichen Selbststudium einen Verein bzw. eine Schule zu besuchen. Dort stehen engagierte und entsprechend ausgebildete Lehrer bzw. Meister zur Verfügung. Sollten Sie mit Hilfe dieses Buches gelernt haben, worum es bei der Selbstverteidigung und Selbstbehauptung grundsätzlich geht, wird Ihnen dieser Schritt nicht mehr so groß oder gar abschreckend vorkommen, wie er vielleicht erscheinen mag, wenn man sich zum ersten Mal damit beschäftigt. Fassen Sie Vertrauen zu sich selbst, lernen Sie gewisse Grundtechniken kennen, und begeben Sie sich dann unter gleichgesinnte Menschen, mit denen gemeinsam Sie die nötige mentale und physische Praxis erwerben können.

Wie der Titel sagt, richtet sich das Buch an Menschen, die grundsätzlich nicht daran interessiert sind, mit ihren Mitmenschen körperlich aneinanderzugeraten, aber für den Fall, daß sie in Bedrängnis kommen, in der Lage sein möchten, einen Angriff erfolgreich abzuwehren. Im zweiten Teil des Buches haben die Autoren eine Reihe von Präventivmaßnahmen zusammengestellt, die von vornherein verhindern, daß Sie in eine Situation geraten, in der Sie von anderen Menschen bedroht werden und sich behaupten müssen. Denn wie so häufig gilt auch in diesem Fall: Vorbeugen ist besser.

▶ **Anmerkung:** Der Einfachheit und besseren Lesbarkeit der Texte halber sind nahezu alle Personenbezeichnungen, wie z. B. Angreifer, Verteidiger etc., in der maskulinen Form gehalten.

DIE WAFFEN DES VERTEIDIGERS
UND IHRE ANWENDUNGSMÖGLICHKEITEN

Stimme

Stimme und Sprache sind in doppelter Hinsicht eine brauchbare Waffe. Sie können bei Gefahr Ihre Stimme einsetzen, um den Täter zu beruhigen, abzulenken oder in ein Gespräch zu verwickeln, damit er eventuell von seinem ursprünglichen Vorhaben abläßt. Sie können aber auch schreien, um den Angreifer zu verunsichern oder zu schocken, bevor Sie einen körperlichen Gegenangriff starten. Bei allen Verteidigungstaktiken, die wir hier ansprechen, spielt dieser Punkt eine wichtige Rolle. Man muß sich immer bewußtmachen, daß ein durchdringender Schrei einen Angreifer ablenkt und nervös macht. Wichtig ist, daß der Täter aggressiv angeschrien und somit Widerstand demonstriert wird (kein Angstschrei). Außerdem kann dadurch die Aufmerksamkeit anderer geweckt werden, die helfen könnten. Durch den Schrei wird die eigene Angst komprimiert und kontrolliert, und es wird zusätzlich ausgeatmet. Dies ist unter anderem wichtig, um alle vorhandenen Kräfte mobilisieren zu können.

▶ **Beispiel:** Eine 15jährige Schülerin wohnte bei ihren Eltern auf dem Land und ging in der nahen Kreisstadt zur Schule. In dieser Stadt wohnte auch ihre ältere Schwester. Eine Schulveranstaltung war angesetzt, und da diese erst lange nach Abfahrt des letzten Busses in ihr Dorf zu Ende war, sollte sie, obwohl die Schwester sich im Urlaub befand, in deren Wohnung übernachten. Sie ging auf dem Heimweg durch eine Straße, in der durch viele Lokale reges Leben herrschte. Durch einen Hinterhof, über einen nicht beleuchteten Aufgang auf das Flachdach einer Garage erreichte sie die Eingangstüre und mußte dann noch zwei Treppen bis zur Wohnung steigen. Sie bemerkte, daß ihr ein Mann folgte. Er verringerte seinen Abstand zu ihr stetig. Da sie den weiteren Weg vor Augen hatte, bereitete ihr der Verfolger, wie sie sagte, „Magenschmerzen". Sie war sich bewußt, daß das letzte Lokal, in dem sie Hilfe finden könnte, bald hinter ihnen liegen würde. Auf dem letzten Stück des Weges lagen nur noch unbewohnte Gewerbebetriebe. In diesem Moment nahm sie all ihren Mut zusammen, drehte sich blitzschnell um, lief mit ausgebreiteten Armen auf den Verfolger zu und schrie ihn an: „Was willst du von mir?" Der Mann war darüber so erschrocken, daß er sich blitzartig umdrehte und weglief. Diese Situation und deren Bewältigung hat das Selbstbewußtsein der Schülerin sehr gestärkt, und die positive Erfahrung hat sie ermuntert, auch in anderen Situationen aktiv zu handeln.

Finger und Daumen

Da die Finger durch den täglichen Gebrauch gut geschult sind, können Sie sie auch im Angriffsfall gut einsetzen. Die besten Anwendungen sind: Daumendruck in die Augen, Fingerstiche ins Gesicht und in die Augen, Kratzen, Kneifen, Festhalten, an den Haaren ziehen und in die Hoden greifen.

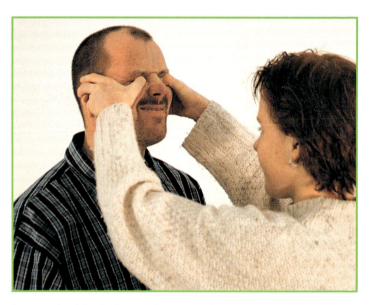

Daumendruck in die Augen eines Angreifers

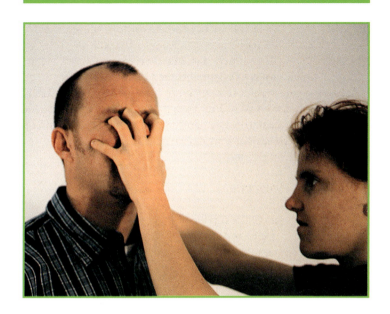

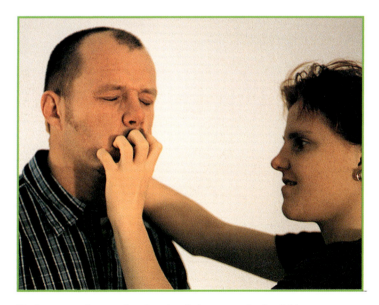

Kratzen von oben nach unten durch das gesamte Gesicht

Hände

Auch die ganze Hand bzw. die Hände können zum Einsatz kommen, z. B. beim Hodenquetschen, beim Preßluftschlag gleichzeitig auf beide Ohren, beim Genickhebel und beim Handballenschlag/-stoß in Richtung Nase/Gesicht. Auch Handkantenschläge mit der Handinnen- und der Handaußenkante – z. B. unter die Nase, auf den Kehlkopf oder in den Genitalbereich – sind sehr wirkungsvoll.

Preßluftschlag auf beide Ohren

Handballenstoß ins Gesicht/auf die Nase

Ellenbogen

Ihre Ellenbogen sind nach den Knien die zweithärteste Körperwaffe. Mit ihnen können Sie bei Umklammerungen Schläge und
Stöße austeilen, die sich gegen den Kopf, die Magengrube, die
kurzen Rippen, die Wirbelsäule oder das Gesicht richten.

Ellenbogenschlag zum Kopf

Knie

Ein harter Schlag mit dem Knie in die Hoden oder gegen den Oberschenkel bzw. in den Bauchbereich gehört zu den wirkungsvollsten Mitteln, um einen Angreifer bewegungs- und handlungsunfähig zu machen. Wenn Sie lernen, Ihre Knie entsprechend einzusetzen, haben Sie eine harte und effektive Waffe für Ihre Verteidigung. Wichtig ist jedoch bei allen Techniken, daß Sie einen guten und sicheren Stand haben. Sonst besteht die Gefahr, aus dem Gleichgewicht zu geraten und eventuell in den Angreifer „hineinzufallen" und diesem dadurch Vorteile zu verschaffen.

Knieschlag in den Genitalbereich des Angreifers

Beine und Füße

Ihre Beine stellen die kräftigsten Waffen Ihres Körpers dar. Mit ihnen können Sie schnelle Tritte gegen die Knie oder in den Genitalbereich austeilen. Im Liegen können Sie sich Angreifer vom Leib halten, indem Sie wirkungsvoll Tritte austeilen und/oder sich „freistrampeln".

Fußtritt in den Genitalbereich eines Angreifers

DIE SCHWACHSTELLEN EINES ANGREIFERS

Augen

Die verwundbarste Stelle eines Angreifers sind dessen Augen. Dabei spielt es keine Rolle, ob Sie von einem Mann, einer Frau, einem Jugendlichen oder einem bösartigen Tier (Hund) angegriffen werden. Wenn Sie um Ihr Leben kämpfen, dürfen Sie keine Skrupel haben. Wenn wir Sie dazu auffordern, äußerst direkt und brutal vorzugehen, schrecken Sie normalerweise davor zurück und finden unsere Aufforderung aggressiv und gemein. Das ist es auch, aber Sie **müssen aggressiv und gemein** sein, um Ihr Leben zu retten. Der Angriff auf die Augen verursacht sofort starke Schmerzen, die den Angreifer eventuell bewegungsunfähig machen, ihn vor allem aber sicher in seiner Handlungsfähigkeit einschränken. Durch das Blenden des Angreifers können Sie sich vielleicht bereits in Sicherheit bringen. Der Angriff auf die Augen kann eine mögliche Schädigung be

Fingerstiche in die Augen

deuten, die vorübergehend oder von Dauer sein kann. Solche möglichen Auswirkungen dürfen Sie jedoch im eigenen Interesse nicht davon abhalten, ihre Verteidigung konsequent und hart durchzuführen. Wenn es darum geht, Ihr Leben zu retten, ist **alles** erlaubt.

Ohren

Ein Preßluftschlag auf beide Ohren mit beiden Händen gleichzeitig kann zum Platzen der Trommelfelle, zum Verlust des Gleichgewichtsinnes, zur Ohnmacht und in besonders schweren Fällen sogar zum Tod führen.

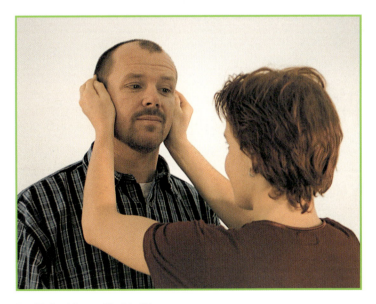

Preßluftschlag auf beide Ohren

Gesicht und Nase

Das Gesicht und die Nase eines Angreifers sind als Angriffspunkte sehr gut geeignet, auch relativ sanfte Techniken können
hier bereits sehr effektiv sein. Ein Kopfschlag oder ein Handballenstoß auf die Nase verursachen nicht nur erhebliche
Schmerzen, sondern führen auch zu Tränenfluß und eventuell
zu einer blutenden Nase. Ein Angreifer wird automatisch versuchen, diese Stelle mit den Händen zu schützen und Ihnen
somit Freiräume schaffen.

Das Gesicht bietet weitere Angriffspunkte wie Lippen oder
Zähne. Auch hier ist ein kräftiger (Kopf-)Schlag sehr wirkungsvoll. Bei männlichen Angreifern kann auch ein eventuell vor-
handener Bart in die Verteidigungsstrategie mit einbezogen
werden.

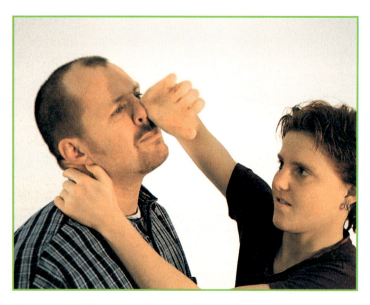

Schlag auf die Nase

Hals

Ein Schlag an den Hals kann zu starken Schluckbeschwerden, Atemnot und Bewegungsunfähigkeit führen. Ein Treffer auf den Adamsapfel beendet meist jeden Kampf, der Getroffene ringt nach Luft und wird ohnmächtig.

▶ **Achtung:** Hierbei können leicht tödliche Verletzungen entstehen.

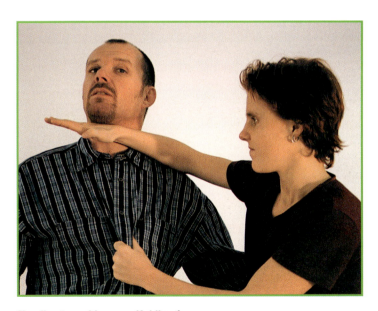

Handkantenschlag zum Kehlkopf

Genitalien

Ein besonders effektives Ziel für eine Verteidigung sind die Genitalien. Die männlichen Geschlechtsteile liegen außerhalb des Körpers, d. h. für eine Attacke denkbar günstig. Der Schmerz, den ein Mann empfindet, wenn er in den Hodensack getreten wird, nimmt ihm den Atem, läßt ihn zusammensinken und kann ihn total handlungsunfähig machen. Anders als bei einer Attacke auf die Augen dürfte er kaum einen bleibenden Schaden davontragen, wenn man ihn in die Genitalien schlägt oder am Hodensack zerrt oder kneift. Auch bei einer Angreiferin sind die Brüste oder der Schritt ein Ziel, dessen Attacke zu einer sehr schmerzhaften Einschränkung der Mobilität führen kann.

Griff in den Genitalbereich

Knie

Das Knie ist jenes Gelenk, welches den größten Belastungen ausgesetzt ist. Obwohl es beim Laufen und beim Sport starken Anstrengungen gewachsen ist, genügen leichte Kraftaufwendungen von vorne oder von der Seite, um das Knie nachhaltig zu schädigen. Schon Schläge/Tritte von 20 Kilopond reichen aus, um Bänder reißen zu lassen, die Kniescheibe zu verschieben, den Meniskus oder Schleimbeutel zu verletzen. Bei Verletzungen am Knie ist der Angreifer meist nicht mehr in der Lage, dem Opfer zu folgen oder seine Attacke fortzusetzen. Sie können die Knie eines Angreifers sowohl im Stand als auch aus der Bodenlage heraus wirkungsvoll attackieren und sich so Freiräume für eine Flucht oder Ihre weitere Verteidigung schaffen.

Tritt nach vorn gegen ein Knie

KLEIDUNG

Im Falle eines Angriffs kann Ihnen praktische bzw. sportlich-bequeme Kleidung sehr von Nutzen sein. Wie Sie sich vorstellen können, sind Sportschuhe oder Schuhe mit flachen Absätzen zur Gegenwehr oder zur Flucht besser geeignet als hochhackige Schuhe, Sandalen oder Schuhe mit Plateausohlen. Gleiches gilt für einengende Kleidung oder gefährliche Assesoires wie Schals, welche durch den Angreifer zur Unterstützung seiner Tat, z. B. zum Würgen, benutzt werden können.
Sobald Sie die in diesem oder anderen Büchern über Selbstverteidigung vorgestellten Techniken in legerer Sportkleidung schnell, kraftvoll und gezielt ausführen können, sollten Sie dazu übergehen, das Training zumindest teilweise in Ihrer normalen Alltagskleidung durchzuführen. Sie müssen lernen, daß Bewegungsabläufe z. B. im Mantel und/oder mit umgehängter Tasche oder umgehängtem Rucksack anders „ankommen", als wenn Sie leichte Sportkleidung tragen.

TRAINING

Beginnen Sie mit einer Übung, und führen Sie diese immer wieder in Zeitlupe aus. Erst wenn der Bewegungsablauf verstanden wurde und sich motorisch gefestigt hat, beginnen Sie das Tempo der Technikausführungen zu steigern. Prägen Sie sich den Bewegungsablauf, zum Beispiel eines Ellenbogenschlages, auch mental nach und nach in alle Richtungen und gegen alle möglichen Ziele gerichtet ein.
Wenn Sie sicher sind, daß der Bewegungsablauf stimmt, beginnen Sie die Schnelligkeit der Bewegungsausführung zu steigern. Bemühen Sie sich von Anfang an, mit und während der Technikausführung auszuatmen. Wenn Sie dieses Ausatmen durch ein (An-)Schreien (im Kampfsport *kiai* genanntes, explosives, mit einem Schrei verbundenes Ausatmen) unterstützen, ist es um so besser. Wie Sie ja bereits wissen, kann ein Schrei auch einen Angreifer ablenken und somit zum Erfolg Ihrer Verteidigung beitragen. Wenn es Ihnen gelingt, die Tech-

niken, auch aus unterschiedlichen Distanzen, sauber auszuführen, können Sie erneut einen Schritt weitergehen.

Lassen Sie Ihren Trainingspartner das Schlagpolster oder das
von Ihnen gewählte Ersatzstück leicht bewegen. Im Ernstfall
gibt es keine Statik, sondern nur Dynamik. Keinen Stillstand,
sondern nur Bewegung. Sowohl Sie selbst als auch Ihr Angreifer befinden sich in ständiger Bewegung und stehen unter aku-
tem Streß. Aus diesen Gründen müssen Sie in der Lage sein, Ent-
fernungen einzuschätzen, auch um die angemessene Technik
auszuwählen. Dies wird Ihnen am Anfang erhebliche Probleme
bereiten, obwohl Sie die Techniken bereits sauber, gezielt und
kraftvoll ausführen können.

Wenn Ihnen auch das Treffen (wirkungsvoll) eines sich leicht
bewegenden Ziels gelingt, können Sie mit dem Training von
Technikkombinationen beginnen. Kombinationen sind sinn-
volle Aneinanderreihungen von mehreren separiert trainierten
und beherrschten Einzeltechniken.

▶ **Beispiel:** Das Schlagkissen wird Ihnen vom Partner dicht
vor dem Körper in Gesichtshöhe gehalten. Sie schlagen mit
einem Ellenbogenschlag zu, der Partner zieht das Schlagpolster
etwas zurück, so daß Sie es mit den Ellenbogen nicht mehr erreichen können. Sie machen sofort einen Faustrückenschlag,
Fauststoß bzw. Handballenstoß oder Fingerstich. Der Partner
weicht weiter zurück und senkt das Schlagpolster, Sie setzen
sofort je nach Höhe mit einem Knieschlag oder einem Fußtritt/
-stoß nach.

Selbstverständlich können Sie auch den Ansatz eines Genick-
hebels oder eines Preßluftschlages simulieren. Wichtig ist,
daß Sie immer wieder verschiedene Kombinationen durchspielen und trainieren. Vergessen Sie auch nicht, daß ein gedank-
liches Durchspielen aller möglichen Angriffe und Ihrer Ideen
zu deren Abwehr die motorische Automatisation im Training
und im Ernstfall unterstützen. Nicht umsonst ist mentale Vor-
bereitung aus dem heutigen Spitzensport nicht mehr weg-
zudenken, und größere Erfolge sind ohne mentales Training
(natürlich zusätzlich zum technischen Training) nicht mehr
realisierbar.

Nachdem es Ihnen gelungen ist, mit Unterstützung eines Partners alle Stufen des „Selbsttrainings" zu durchlaufen, werden Sie sehr wahrscheinlich feststellen, daß Ihnen etwas fehlt. Es ist dies das Training „am Mann". Sie müssen lernen, alle Techniken unter fachkundiger Anleitung und Korrektur an Trainingspartnern selbst auszuführen. Fingerstiche werden nicht mehr in ein Kissen oder am Ball ausgeführt, sondern im Gesicht. Genickhebel werden nicht am Ball, sondern am Kopf ausgeführt. Sie müssen in der Lage sein, damit einen lebenden und sich sträubenden „Angreifer" zu Boden zu bringen.

Hinzu kommt, daß Sie mit unterschiedlich großen und unterschiedlich schweren Partnern trainieren müssen, welche auch alle noch verschiedene Reaktionen zeigen.

Es ist darüber hinaus mehr als sinnvoll, auch Nothilfetechniken, also Hilfeleistung für andere Personen, die sich selbst eines Angriffs nicht erwehren können, zu erlernen.

Hierzu und zum Üben der „freien Abwehr", bei der Ihre Partner mit oder ohne Ankündigung des Angriffs und seiner Art, mit oder ohne Waffen (Stock, Messer, Kette) angreifen und Sie schnell und effektiv Ihre erlernten Techniken anwenden müssen, ist es erforderlich, sich in die Obhut eines erfahrenen Trainers, einer Schule oder eines Vereins zu begeben.

Erst dort werden Sie Gelegenheit haben, die im Selbststudium erlernten Techniken eventuell zu korrigieren und unter möglichst realistischen Umständen effektiv zu trainieren. Nicht vergessen sollte man in diesem Zusammenhang auch den Spaß und den Erfolg, den ein solches Training in einem Verein oder einer Schule gemeinsam mit anderen bringen kann.

TRAININGSMITTEL

Als Trainingsmittel während des Selbststudiums von Verteidi-
gungstechniken können viele verschiedene Gegenstände benutzt werden. Manche sind mehr, andere weniger gut geeignet.
Alle geben Ihnen jedoch Gelegenheit, weiterführende Bewegungsabläufe einzuüben, bevor Sie sich eventuell dazu ent-
schließen, das Training in einem Verein oder einer Schule fortzusetzen.

Als Trainingsmittel sind insbesondere einsetzbar:
– Handpratze
– Unterarmkissen
– Kissen
– eingerollter Schlafsack
– mit Stoff gefüllte Sporttasche
– mit Stoffen gefüllte Plastiktüte/Müllsack
– Iso-Matte (Campingzubehör)
– Boxhandschuhe
– gepolsterte Türrahmen
– dickes Buch
– Medizinball (3,5 oder 5 kg)
– Filzfußball (Hallenball)
– Luftkeule (Speedplay)
– Schlagpolster
– Motorradhelm
– Kampfweste
– Kopfschutz und Körperschutzausrüstung für den Partner
– gespanntes und zusammengerolltes Handtuch
– Seesack, gefüllt mit Altkleidern
– zusammengerollter Mantel
– Ringerpuppe
– Schaufensterpuppe
– Sandsack
– Schlagbirnen (Punchingball)

Beispiele für die Anwendung zeigt das folgende Tableau. Sie
können allerdings auch ohne die oben genannten Trainingsmittel trainieren, wie die ersten Photos zeigen.

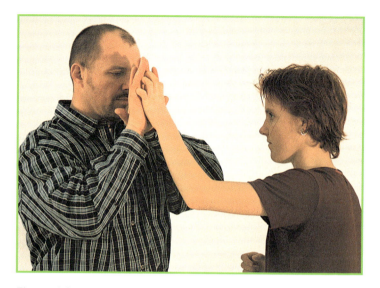

Fingerstiche gegen die geöffneten Hände des Partners

Fausttechniken gegen die geöffneten Hände des Partners

Handballenstoß gegen Unterarm oder Hände des Partners

*Handballenstoß gegen zusammengerollte Wolldecke
(Schlafsack, Kissen, gefüllten Müllsack etc.)*

*Ellenbogenstoß rückwärts gegen
von Partner gehaltene zusammengerollte Wolldecke*

*Ellenbogenschlag vorwärts
gegen Wolldecke*

Knieschlag vorwärts gegen zu-sammengelegte Wolldecke

Fingerstiche gegen Medizinball (Fußball etc.)

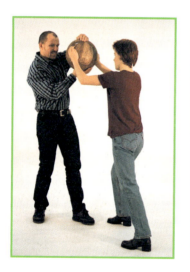

Preßluftschlag gegen Medizinball

Handballenstoß gegen Medizinball

*Ellenbogenstoß seitwärts gegen
Medizinball*

*Handballenstoß zum Brust-
bereich gegen Schlagpolster*

*Handballenschlag zum
Gesicht gegen Schlagpolster*

*Ellenbogenschlag zur Brust
gegen Schlagpolster*

Ellenbogenschlag zum Gesicht gegen Schlagpolster

Ellenbogenstoß rückwärts gegen Schlagpolster

Ellenbogenstoß abwärts gegen Schlagpolster

Knieschlag in den Genitalbereich gegen Schlagpolster

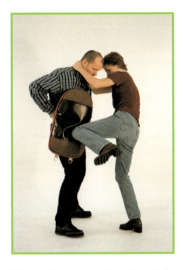

Knieschlag in den Bauchbereich gegen Schlagpolster

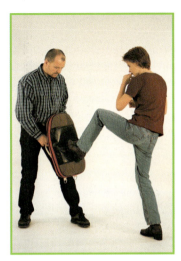

Fußtritt zum Knie gegen Schlag-polster

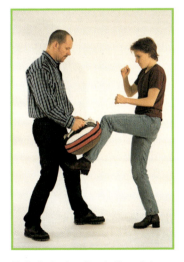

Fußtritt in den Genitalbereich gegen Schlagpolster

KOPFSCHLÄGE

Kopfschläge sind nach vorn oder hinten, sehr eingeschränkt auch nach den Seiten, durchführbar.

Kopfschläge sind naturgemäß die Techniken mit der kürzesten Reichweite. Bei Kontaktangriffen, also im absoluten Nahbereich, sind sie jedoch sehr wirkungsvoll und können Ihnen wichtige Freiräume verschaffen.

Beim Kopfschlag wird der Gesichtsbereich des Angreifers durch blitzartiges Vor- oder Zurückschlagen („Nicken") des eigenen Kopfes mit dem Stirn- oder Hinterkopfbereich getroffen.

Auf Grund des massiven Schädelknochens im Stirn- und Hinterkopfbereich sind eigene Verletzungen so gut wie ausgeschlossen. Sollten Sie jedoch die Zähne des Angreifers treffen, kann das bei Ihnen aufgrund der guten Durchblutung der genannten Bereiche zu einer stark blutenden Platzwunde führen.

Beim Angreifer wird zusätzlich zum akuten Schmerz (Nase eventuell gebrochen, Lippen aufgeplatzt, Zähne gelockert) Tränenfluß kommen. Durch diese Beeinträchtigungen und dem damit verbundenen reflexartigen Greifen zum eigenen Gesicht muß der Angreifer seinen Griff zumindest lockern, wenn nicht sogar lösen. Dadurch kann Ihnen die Flucht gelingen, auf jeden Fall verbessert sich Ihre Position, und Ihre Verteidigungsmöglichkeiten nehmen zu.

Kopfschläge können sowohl bei Angriffen im Stand von vorn oder hinten als auch zur Verteidigung in der Bodenlage angewandt werden. Ideal sind Kopfschläge, wenn der Angreifer Sie von vorn oder hinten über oder unter den Armen umklammert. Speziell bei einer Fixierung Ihrer Arme (Umklammerung über den Armen) kann es gut möglich sein, daß Sie nur durch einen Kopfschlag „Luft" bekommen, um sich weiter verteidigen zu können.

Kopfschlag nach vorn

Kopfschlag nach hinten

Kopfschläge sind auch bei Fixierung der Arme durch Umklammern oder an einer Wand durchführbar.

SCHULTERBEREICH

Sollte man versuchen, Sie an einer Wand, einem Zaun oder einem Auto zu fixieren, bedrängt man Sie, oder ist es für Sie klar ersichtlich, daß man Sie ergreifen will, können Sie durch Körperabdrehen und Einsatz des gesamten Körpers Ihren Schulter-/Oberarmbereich als „Rammbock" benutzen, um dem Angreifer eine Fixierung (durch Festhalten) zu erschweren.

So wie Sie sich unter Zuhilfenahme Ihrer Schultern einen Weg durch Menschenmassen bahnen, so können Sie diesen Bereich auch einsetzen, um sich im Falle eines Angriffs Freiräume zu schaffen, den Angreifer zu irritieren und eventuell zu flüchten. Wichtig ist ein sicherer Stand. Sollten Sie Ihr Ziel verfehlen und ins Leere laufen oder stolpern, geraten Sie in eine ungünstige Position, da es dem Angreifer dann möglich ist, Sie in dieser sehr instabilen Lage sofort zu attackieren und eventuell zu Fall zu bringen, was Ihre Verteidigungsmöglichkeiten stark reduziert!

Doch wenn Sie sich etwas abducken und Ihre gesamte Körper-/Beinkraft hinter ein Rammen des Gegners/Angreifers im Bereich der kurzen Rippen oder des seitlichen Brustkorbes legen, kann es Ihnen durchaus gelingen, den überraschten Angreifer so aus dem Gleichgewicht zu bringen, so daß Ihnen die Flucht gelingt oder Sie sich zumindest eine bessere Ausgangsposition für Ihre weitere Verteidigung erarbeitet haben.

Rammen mit der Schulter im Brustbereich

Einsatz der Schulter gegen das Gesicht des Angreifers

HANDTECHNIKEN

Durch den täglichen Gebrauch sind Ihre Hände optimal ge-schult, selbst schwierigste Koordinationsaufgaben zu erfüllen. Gleichzeitig sind die Hände durch ständigen Einsatz so unemp-findlich, daß Sie alle Handtechniken ohne Angst vor Verletzun-gen dynamisch und kraftvoll ausführen können. Ein spezielles Training zur Abhärtung Ihrer Hände ist für reine Verteidi-gungsmaßnahmen nicht erforderlich.

In Verbindung mit den Armen ist die Reichweite Ihrer Hände/ Finger so groß, daß Sie nahezu jeden vitalen (schmerzempfind-lichen, lebenswichtigen, funktionsbeeinträchtigenden) Punkt eines Angreifers damit erreichen können.

Durch verschiedene Handhaltungen (geballte Faust, Finger ge-streckt, Finger gekrümmt) ist es möglich, sowohl großflächige Ziele als auch kleinere, vitale Punkte zu attackieren.

Durch die zahlreichen Gelenke der Hände und der Arme und die lebenslange koordinative Schulung durch Sport und Arbeit sind die Hände in alle Richtungen nahezu ohne Einschränkun-gen einsetzbar und somit optimale Verteidigungswaffen des Körpers.

Hammerfaust ins Gesicht

Hammerfaust in die Genitalien

Faustschlag in die Genitalien

Fauststoß zum Solarplexus

Zu den Handtechniken gehören folgende
Bewegungsabläufe:

Faustschläge und -stöße

Um Faustschläge und -stöße ausführen zu können, ist es erforderlich, die Hand zur Faust zu ballen. Dazu werden die ge-
streckten und geschlossenen Finger von der Fingerspitze an bis
zu den Knöcheln „eingerollt". Der Daumen darf sich, um Verletzungen zu vermeiden, nicht in der Hand oder zwischen den
Fingern, sondern muß sich abgewinkelt seitlich neben den Fingern befinden. Es ist auch möglich, den abgewinkelten Daumen auf den eingerollten Zeigefinger aufzusetzen.

Die geöffnete Hand wird ...

**... von den Fingerspitzen her
eingerollt und ...**

... geschlossen.

Knöchelfauststöße und -schläge

Knöchelfausttechniken können mit der geballten Faust oder mit abgewinkelten Fingern durchgeführt werden. Trefffläche sind entweder die Fingerknöchel des zweiten Fingergliedes oder die Knöchel der geballten Faust.

Die geballte Faust ist besonders wirkungsvoll bei Rückhandschlägen einsetzbar. Bei korrekter Bewegungsausführung treffen immer die Faustknöchel. Mit der relativ kleinen Auftrefffläche der Knöchel ist eine optimale Energieabgabe auf einen kleinen vitalen Punkt beim Angreifer möglich. Zielfläche für Knöchelfausttechniken sollten das Gesicht, der Schläfen- oder der Genitalbereich sein. Beim Knöchelfauststoß bietet sich eigentlich nur der Kehlkopf eines Angreifers als Ziel an. Um in dem schmalen Raum zwischen Kinn und Brust den Kehlkopf genau zu treffen, bedarf es auch einer gehörigen Portion Glück, da sowohl Sie selbst als auch der Angreifer sich in Bewegung befinden.

Um den Knöchelfauststoß wirkungsvoll auszuführen, krümmen Sie die Finger im mittleren Fingerglied ab und pressen sie gegen die Handinnenfläche. Trefffläche sind dann die Knöchel des zweiten Fingergliedes.

Knöchelfaustschlag zur Nase

Knöchelfauststoß zum Kehlkopf

Knöchelfaustschlag zur Schläfe

Handballenstoß

Da beim Fauststoß/-schlag der Unterarm immer die Verlängerung der Faust sein muß, um ein Umknicken des Handgelenkes
und damit eine Eigenverletzung zu vermeiden, empfiehlt sich
besonders für Frauen der Handballenstoß. Hier ist der Unterarm automatisch die Verlängerung, das Handgelenk kann somit
nur durch unglückliche Umstände verletzt werden. Selbst wenn
die Trefffläche z. B. nicht die Nase des Angreifers, sondern ein
Knochen ist, entstehen keine Verletzungen beim Verteidiger.
Zusätzlich können hierbei die Finger anschließend zum Kratzen eingesetzt werden.

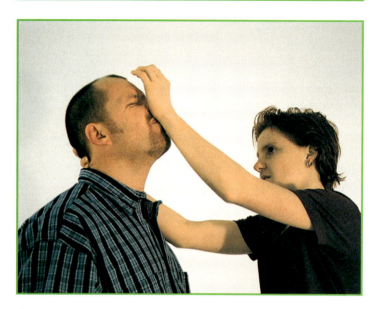

Handballenstoß zur Nase

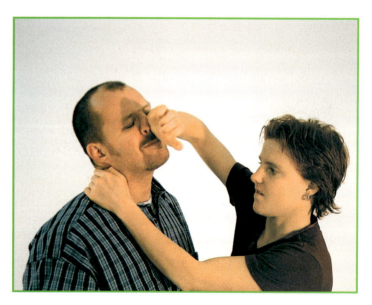

Handballenschlag zur Nase

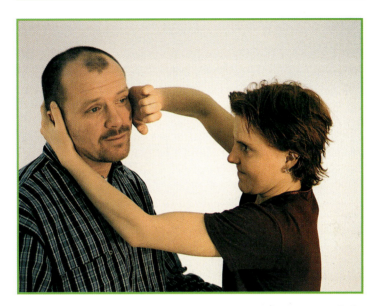

Handballenschlag seitlich zum Kopf

Handballenstoß zur Brust bei weiblichen Angreifern

Handkantenschläge

Handkantenschläge können mit der Handinnenkante oder der Handaußenkante ausgeführt werden. Noch nicht sehr geübte Selbstverteidiger werden automatisch die Handaußenkante einsetzen, obwohl auch die Handinnenkante einige Möglichkeiten bietet.

Um Handkantenschläge einsetzen zu können, müssen die Finger gestreckt, geschlossen und angespannt werden, wodurch eine Verhärtung/Verspannung der Handkante erreicht wird. Dabei können die Fingerspitzen mehr oder weniger gekrümmt werden, um die Anspannung (Verhärtung) der Handkanten zu intensivieren.

Bei Schlägen mit der Handinnenkante ist zusätzlich der Daumen in die Handinnenfläche zu legen, um Verletzungen zu vermeiden.

Handkantenschläge bieten sich an, um auf den Halsbereich (Vorsicht, leicht schwere Verletzungen möglich), die Nase, die kurzen Rippen oder den Genitalbereich einzuwirken.

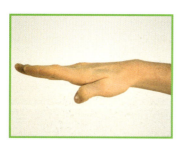

Daumenposition bei Handinnenkantenschlägen

Handinnenkantenschlag unter die Nase

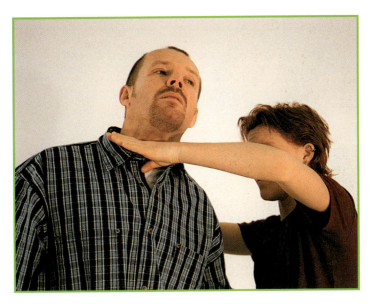

Handinnenkantenschlag zum Kehlkopf

Handinnenkantenschlag in die Rippen

Handinnenkantenschlag in den Genitalbereich

Handaußenkantenschlag zum Hals

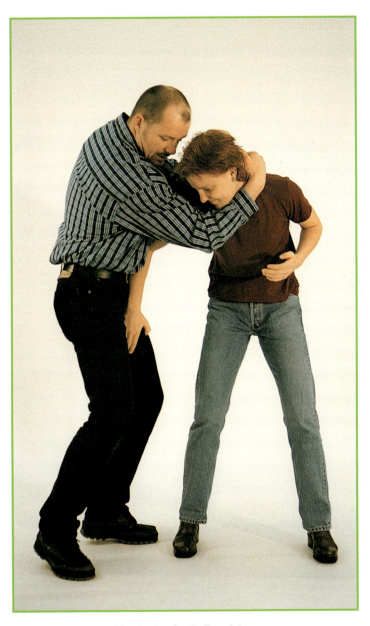

Handaußenkantenschlag in den Genitalbereich

Fingerstiche

Fingerstiche sollten nur ins sehr empfindliche Gesicht ausgeführt werden. Mit den gekrümmten und versteiften Fingern ist
es möglich, einen großen Bereich des Gesichts zu treffen. Werden die Fingerstiche durch ein Herabreißen der gekrümmten
Finger durch das Gesicht verstärkt, ist die Wirkung auf jeden
Fall garantiert. Durch die Attacke auf die Augen, die Nase und
die Lippen werden Verletzungen hervorgerufen, die Tränenfluß
und ein Fließen der Nase nach sich ziehen. Diese Verteidigung
ist für den Angreifer sehr schmerzhaft. Der Angreifer wird re-
flexartig versuchen, mit den Händen sein Gesicht zu schützen.
Damit ist er gezwungen, Sie loszulassen oder zumindest seinen
Griff zu lockern, was Ihnen bessere Möglichkeiten für Ihre Verteidigung oder Ihre Flucht einräumt. Durch das Tränen der
Augen ist er zusätzlich in seiner Sicht behindert, auch dies kann
für Sie ein nicht zu unterschätzender Vorteil sein.
Fingerstiche ins Gesicht können durch ein Erfassen des Hinter-
kopfes mit der zweiten Hand verstärkt werden. Zieht man den
Angreifer gleichzeitig an den Haaren nach hinten (bei weiblichen Angreifern oder längeren Haaren), ist er eventuell aus
dem Gleichgewicht zu bringen. Längere Fingernägel erhöhen
nicht nur die Wirkung der Fingerstiche ins Gesicht, sondern ermöglichen eventuell auch eine zweifelsfreie Identifizierung
des Angreifers nach seiner Festnahme, da die Verletzungen längere Zeit sichtbar sein werden.

Fingerstiche in ein Auge

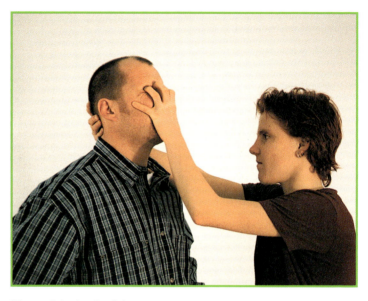

Fingerstiche ins Gesicht

Fingerstiche in den Genitalbereich

Fingerstiche ins Gesicht mit anschließendem Kratzen

Preßluftschlag

Bei Preßluftschlägen werden die geschlossenen und schüsselfö-
mig gekrümmten Hände mit den Handinnenflächen gleichzeitig
auf beide Ohren des Angreifers geschlagen. Die mit den Hand-
flächen komprimierte Luft übt Druck auf das Innenohr aus, was
zu einer leichten Irritation bis zum Platzen der Trommelfelle und
damit zu einer Störung des Gleichgewichtssinnes führen kann.
Durch den damit verbundenen Schmerz wird der Angreifer von
Ihnen abgelenkt, das ermöglicht Ihnen eventuell zu fliehen oder
zumindest eine bessere Verteidigungsposition einzunehmen.
Sollte der Angreifer geschockt sein, können Sie z. B. durch
einen Tritt in den Genitalbereich Ihren Vorteil vergrößern.
Preßluftschläge empfehlen sich jedoch nur bei Umklammerungen von vorn unter den Armen und bei geübten Verteidigern.
Das Timing ist bei dieser Technik extrem wichtig. Sollten Sie
einen Preßluftschlag ungenau ausführen, bleibt immer noch
eine in ihrer Wirkung ebenfalls nicht zu unterschätzende Ohr-
feige übrig.

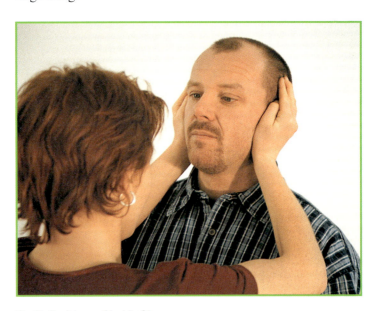

Preßluftschlag auf beide Ohren

Daumendruck

Der Daumendruck wird durch das gezielte Eindrücken eines oder beider Daumen in die Augen ausgeführt. Neben den Augen bietet sich für diese Technik noch der Kehlkopf, auch von der Seite, an. Andere Ziele sind für diese Technik nicht empfindlich genug. Bei Brillenträgern werden die Daumen von unten oder seitlich unter die Brillengläser geschoben und anschließend in die Augen gedrückt. Durch Daumendruck werden beim Angreifer ähnliche Verhaltensmuster wie bei der Ausführung von Fingerstichen erreicht. Bei Attacke der Augen können unter Umständen bleibende Schäden entstehen, ebenfalls am Kehlkopf. Abwehrtechniken zu den Augen oder dem Kehlkopf haben jedoch den Vorteil, daß sie unmittelbar wirken und den Angreifer nachhaltig beeinträchtigen.

Selbstverständlich können Sie Ihre Hände auch zum Kneifen, z. B. in die Innenseite der Oberschenkel oder ins Gesicht (Lippen) oder zum Hodenquetschen einsetzen. Alles, was gelingt und Ihnen hilft, einen Angriff abzuwehren oder einzuschränken, ist gut.

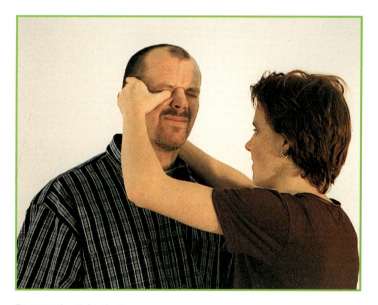

Daumendruck in ein Auge

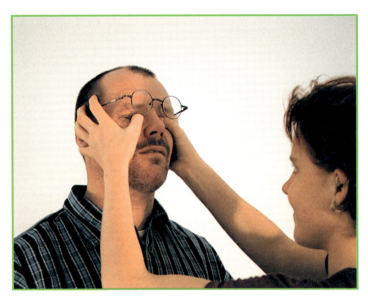

Beidhändiger Daumendruck in die Augen

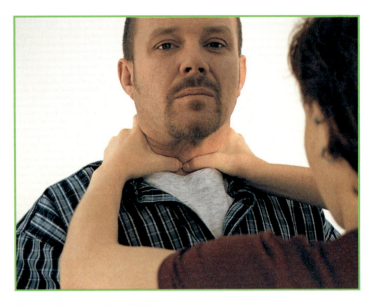

Daumendruck auf den Kehlkopf

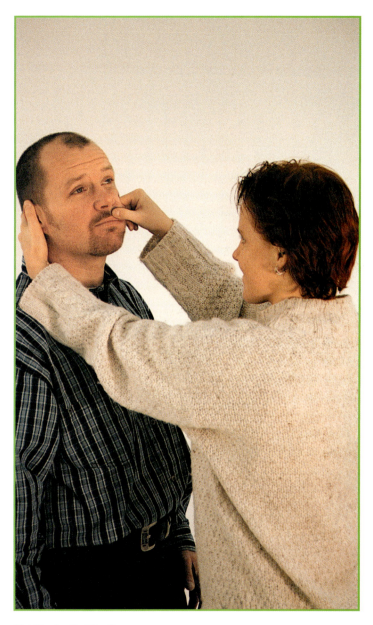

Kneifen in die Oberlippe

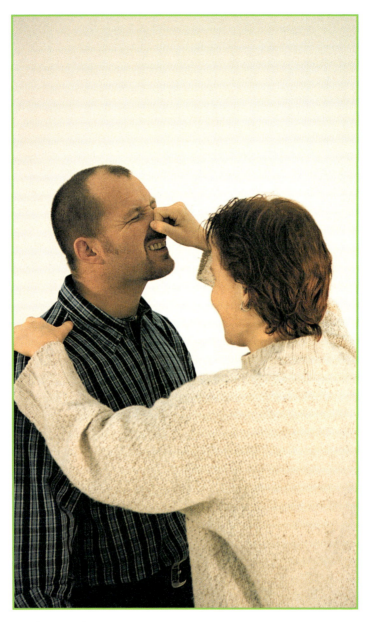

Kneifen in die Nase

Hodenquetschen

Ziehen an den Haaren

ELLENBOGENSCHLÄGE UND -STÖSSE

Ihre Ellenbogen sind auf Grund der relativ großen Bewegungs-
freiräume im Schulter-, Ellenbogen- und Handgelenk, ihrer
vielseitigen Einsetzbarkeit und der möglichen Unterstützung
durch den Oberkörper die zweithärtesten Körperwaffen, über
die Sie verfügen.

Wenn Sie mit Ihrem Ellenbogen oder dem Unterarm-/Ober-
armbereich einen Angreifer z. B. ins Gesicht treffen, werden Sie
über die Wirkung erstaunt sein. Auch Treffer in den Bereichen
der Rippen, des Brustbeins, des Halses oder der Rückenwirbel-
säule sind sehr wirkungsvoll.

Sollte die Angriffssituation es zulassen, können Sie selbstverständlich auch den Genitalbereich des Angreifers mit Ellenbogentechniken attackieren. Bei entsprechendem Training und
unter sachkundiger Anleitung werden Sie sehr schnell feststellen, daß Ihre Ellenbogen die am universellsten einsetzbaren
Körperwaffen sind. Mit den Ellenbogen sind Sie in der Lage,
fast jeden Punkt des Angreifers, egal in welcher Position er sich
Ihnen gegenüber befindet, zu erreichen. Ausnahmen diktiert
nur die Entfernung.

Wenn Sie die Schläge oder Stöße mit den Ellenbogen mit einer
Körperdrehung ausführen und somit die Kraft der Beine über
die Hüfte einsetzen, werden Sie feststellen, daß eine unwahr-
scheinliche Kraft und Dynamik in diesen Schlägen steckt. Ellenbogentechniken können in alle Richtungen, also nach oben,
nach unten, nach hinten, nach vorn und nach den Seiten ausgeführt werden, deshalb ist der Bereich des Angreifers, den Sie
mit diesen Techniken erreichen können, so enorm groß. Egal in
welcher Position der Angreifer sich in Ihrer unmittelbaren Nähe
befindet, speziell bei Kontaktangriffen, ist es Ihnen möglich,
ihn mit harten Ellenbogentechniken zu attackieren.

Erst wenn Sie mit den Ellenbogen nicht mehr in der Lage sind,
den Angreifer abzuwehren, sollten Sie auf andere Techniken
umschalten.

Ellenbogenschlag nach oben unter das Kinn

Ellenbogenschlag seitlich an den Kopf

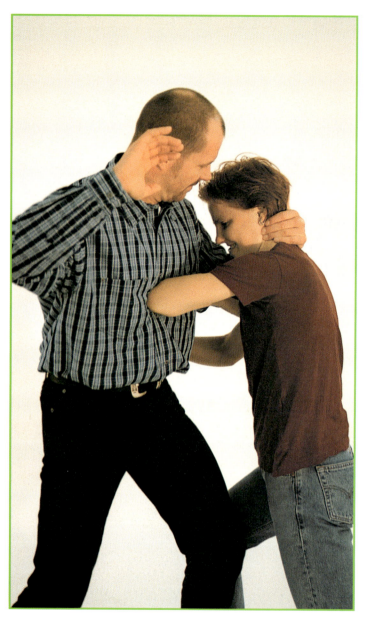

Ellenbogenschlag vorwärts in die Rippen oder auf den Solarplexus

Ellenbogenstoß seitwärts in den Bauch-/Brustbereich

Ellenbogenstoß rückwärts in den Bauchbereich

Ellenbogenstoß rückwärts auf die Wirbelsäule/in die Nieren

Ellenbogenschlag zur Seite in den Genitalbereich

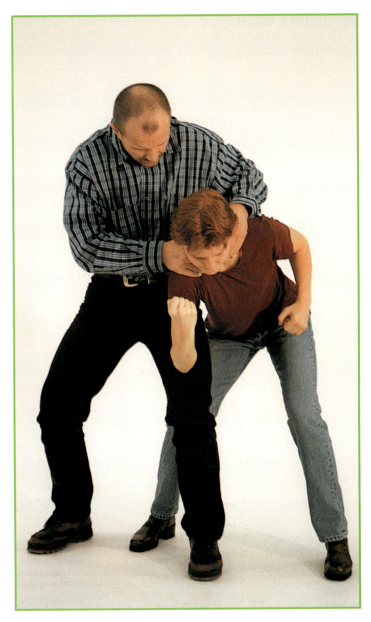

Ellenbogenschlag auf den Oberschenkelmuskel

HÜFTE UND GESÄSS

Bei Umklammerungen von der Seite oder von hinten ist durch den Einsatz der Hüfte oder des Gesäßes eine Ablenkung (Schocken) des Angreifers möglich. Direkte Techniken sind naturgemäß mit diesem Körperbereich nicht ausführbar, doch können anschließende Maßnahmen vorbereitet oder eine Flucht-möglichkeit erkämpft werden.

Stoß mit dem Gesäß nach hinten in den Genitalbereich

Stoß mit der Hüfte zur Seite in den Genitalbereich

KNIETECHNIKEN

Die Knie sind Ihre härtesten Körperwaffen und bei Nahdistanzen universell und sehr wirkungsvoll einsetzbar. Nicht nur Knieschläge oder -stöße in den Genitalbereich können einen Angreifer kampfunfähig machen. Auch Knieschläge auf den Oberschenkelmuskel (sogenannter „Pferdekuß") oder in den Bauchbereich lenken einen Angreifer ab oder beeinträchtigen ihn soweit, daß Ihnen eine Verbesserung Ihrer Lage ermöglicht wird. Bei entsprechender Stellung zum Angreifer können Sie auch Knietechniken in den Nierenbereich oder bei gebücktem Angreifer bzw. bei Angriffen am Boden von hinten Knieschläge zum Kopf oder ins Gesicht ausführen.

Durch die hohe Belastbarkeit des Kniebereichs sind eigene Verletzungen so gut wie ausgeschlossen. Gleichzeitig wird durch den Einsatz Ihrer Beinkraft den Knietechniken eine sehr große Dynamik verliehen.

Knieschlag in den Genitalbereich

Kniestoß (bei größerer Distanz mit Hüfteinsatz) zum Genitalbereich

Knieschlag in die Rippen

Knieschlag zum Kopf

Knieschlag auf den Oberschenkelmuskel

Knieschlag zum Kopf bei Fixierung am Boden von hinten

Knieschlag in die Rippen bei Bodenlage

BEINTECHNIKEN

Die Beine ermöglichen Ihnen die Abwehr eines Angreifers auf größere Distanz als jede andere Körperwaffe. Mit den Beinen sind Sie nicht nur in der Lage, einen Angriff bereits im Ansatz zu stoppen, sondern Sie können mit Ihnen auch die größte Kraft gegen den Angreifer einsetzen.

Ihre Beine sind genau wie Ihre Arme/Hände auch in der Selbstverteidigung äußerst vielseitig einsetzbar. Nicht zuletzt verhelfen sie Ihnen nach erfolgreicher Gegenwehr/Abwehr zur Flucht. Bei entsprechenden körperlichen Voraussetzungen und eingehendem Training sind Sie in der Lage, jeden Körperteil eines Angreifers mit den Beinen zu attackieren.

Zu den Beintechniken gehören folgende Bewegungsabläufe:

Fußtritte

Beim Fußtritt nach vorn wird das Knie nach oben gerissen, und im Moment des Hochreißens wird der Unterschenkel im Knie „ausgeklappt" (Schnappbewegung). Die Zehen sind angezogen, und der Fußballen trifft das Ziel.

Als Ziel empfehlen sich Schienbeine, Knie und der Genitalbereich des Angreifers. Sollten Sie den Angreifer dazu gebracht haben, sich zu bücken, oder Sie haben ihn bereits einmal mit einem Fußtritt im Bauch/Genitalbereich getroffen und er zeigt eine normale Reaktion (Zusammenkrümmen), können Sie ihm auch ein- oder mehrfach gegen den Kopf treten.

Nach dem Kontakt mit dem Ziel wird die Bewegung rückläufig ausgeführt, der Unterschenkel also wieder „eingeklappt", das Bein gesenkt und der Fuß auf der alten Position abgestellt. Sie sollten unbedingt vermeiden, „in den Angreifer hineinzufallen". Es wäre für Sie sehr schlecht, wenn Sie einen Fußtritt oder Fußstoß ausführen wollen, alle Kraft hineinlegen und bedingt durch die Bewegungen des Angreifers oder seine Abblockreflexe das Ziel verfehlen und dann nicht sofort wieder einen sicheren Stand erreichen.

Ebenfalls möglich ist ein Tritt mit dem Spann oder dem Unterschenkel in den Genitalbereich

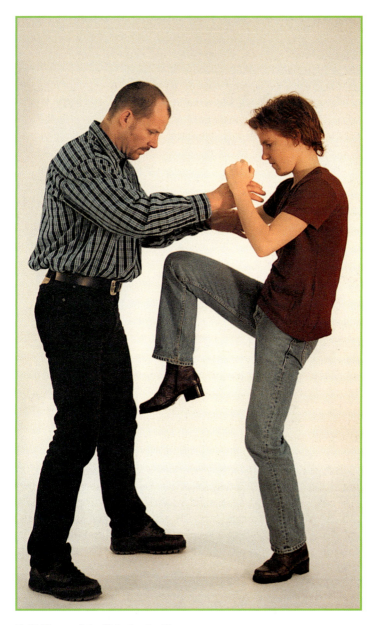

Fußtritt vorwärts: Knie hochreißen …

... Unterschenkel ausklappen und mit Fußballen oder Spann das Ziel treffen

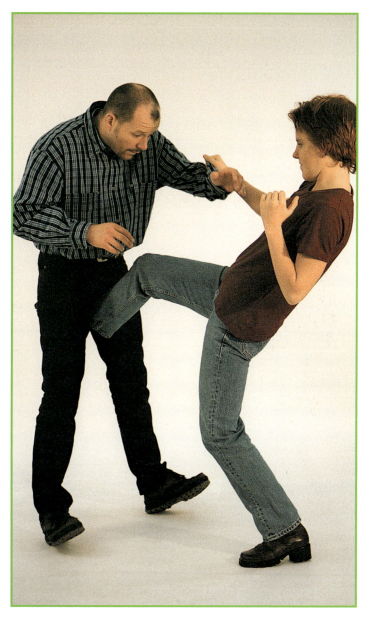

Fußtritt mit dem Spann in den Genitalbereich

Fußtritt mit dem Unterschenkel in den Genitalbereich

Fußtritt rückwärts

Sollten Sie von hinten angegriffen werden, haben Sie die Möglichkeit, einen Fußtritt rückwärts zu plazieren.

Um eine Technik nach hinten ausführen zu können, ist es wichtig, Blickkontakt zum Angreifer aufzunehmen. Sie können sonst leicht danebentreten oder sich selbst in eine sehr unglückliche Position manövrieren, die es Ihrem Angreifer ermöglicht, Sie noch schneller zu Boden zu bringen oder außer Gefecht zu setzen.

Zum Fußtritt rückwärts klappen Sie einfach Ihren Unterschenkel nach hinten oben ein, so daß Ihre Ferse entweder das Schienbein, das Knie oder den Genitalbereich des Angreifers trifft.

Fußtritt rückwärts in den Genitalbereich

Fußstoß vorwärts

Die Ausführung des Fußstoßes ist mit der des Fußtrittes iden-
tisch. Aber durch den Einsatz der Hüfte erlangt der Stoß mehr
Dynamik und überbrückt auch eine größere Entfernung als der
Fußtritt.
Wie Sie auf den Bildern erkennen können, wird beim Fußstoß
das Knie hochgerissen, der Unterschenkel ausgeklappt und während dieser Schnappbewegung die Hüfte (das Becken) nach
vorn gestoßen. Um hierbei das Gleichgewicht nicht zu verlieren, ist es unbedingt erforderlich, den Oberkörper mit in die Bewegung einzubeziehen.
Ihre Hände sollten sich im Idealfall vor Ihrem Oberkörper oder
Gesichtsbereich befinden. Hier dienen sie zur Deckung, sie
können jedoch auch zum Schlagen, Kratzen, Stoßen oder zum
Ergreifen des Gegners eingesetzt werden.

Fußstoß vorwärts am Ball: Grundposition (Die Distanz ist relativ groß.)

Knie hochreißen, Fußzehen anziehen und ...

...Unterschenkel ausklappen, bei gleichzeitigem Vorschieben der Hüfte

Fußstoß rückwärts

Beim Fußstoß rückwärts drehen Sie zuerst Ihren Kopf, um den Angreifer hinter sich sehen zu können. Anschließend klappen Sie Ihren Unterschenkel an, beugen den Oberkörper in der Hüfte nach vorn, ohne den Blick vom Angreifer zu nehmen, und stoßen Ihr Bein nach hinten. Dabei ziehen Sie die Zehen an, so daß Ihre Ferse das Ziel trifft. Während dieses Bewegungsablaufes sollten Sie versuchen, Ihre Oberschenkel so lange wie möglich zusammenzuhalten.

Auch bei dieser Trittechnik ist es wichtig, einen sicheren Stand zu haben und das Bein mit rückläufigem Bewegungsablauf kontrolliert wieder absetzen zu können.

Fußstoß rückwärts in den Genitalbereich

Fußstoß rückwärts zum Knie des Angreifers

Fußstoß abwärts

Diese Technik bietet sich an, wenn Sie bereits umklammert sind oder der Angreifer von Ihnen zu Fall gebracht werden konnte.

Zum Fußstoß abwärts reißen Sie Ihr Knie nach oben, ziehen die Zehen an und stampfen, stoßen das Bein nach unten. Bei Umklammerungsangriffen sollte das Ziel der Spann des Angreifers sein, befindet sich der Angreifer jedoch bereits am Boden, so können Sie alle erreichbaren Ziele (am besten mehrfach) attackieren.

Fußstoß abwärts auf den Spann

Auftrefffläche sollte die Ferse bzw. der Absatz sein

Fußstoß abwärts auf ein Knie des liegenden Angreifers

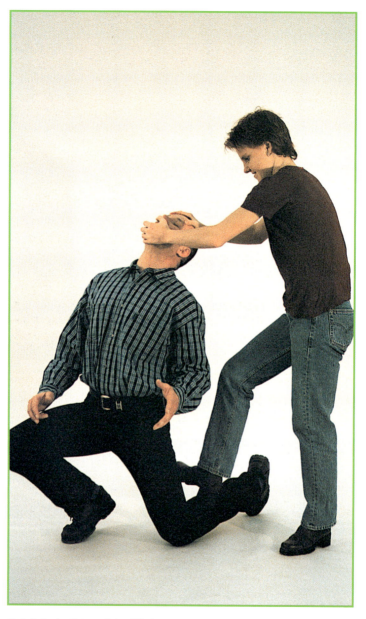

Fußstoß abwärts auf den Wadenmuskel

Fußstoß seitwärts

Der Fußstoß seitwärts ähnelt im Bewegungsablauf dem Fußstoß abwärts und bietet sich bei allen Angriffen von der Seite an
oder wenn Sie sich aus einem Angriff oder einer Umklammerung herausgedreht haben. Sie stoßen nach dem Hochreißen
des Knies Ihre seitliche Fuß- bzw. Schuhsohlenkante gegen das
Knie oder das Schienbein des Angreifers. Sollten Sie sich hinter dem Angreifer befinden, können Sie diese Technik auch in
eine Kniekehle ausführen und den Angreifer damit eventuell zu
Fall bringen.
Wenn Sie auf Grund regelmäßigen Trainings und entsprechender fachkundiger Anleitung in der Lage sind, können Sie den
Fußstoß seitwärts natürlich auch in den Genitalbereich oder
den Bauch- und Brustbereich plazieren. Dazu ist es erforderlich nach dem Hochreißen des Knies den Oberkörper in der
Hüfte seitlich abzuknicken, ohne den Angreifer aus dem Blick
zu verlieren, und dann das Trittbein möglichst geradlinig in
Richtung des Angreifers zu stoßen. Auch bei dieser Ausführung
des Fußstoßes sollten Sie Ihr Ziel möglichst mit der Fußaußen-
kante treffen, auch ein sogenannter Stampftritt kann jedoch
sehr effektiv sein. Dabei attackieren Sie Ihr Ziel mit der Fuß-
sohle bzw. der Ferse.

Fußstoß seitwärts zum Knie

Fußstoß seitwärts in den Bauch-/Brustbereich

Halbkreisfußtritte

Halbkreisfußtritte ermöglichen es Ihnen, den Angreifer auch dann noch zu treten, wenn er Ihnen gegenüber so ungünstig steht, daß geradlinige Techniken nicht mehr sicher und garantiert wirksam anzubringen sind.

Beim Halbkreisfußtritt wird das tretende Bein nach dem Hochreißen des Knies kreisförmig in Richtung des Angreifers geschlagen. Sie sollten versuchen, mit dem Spann, dem Fußballen oder der Ferse zu treffen.

Sehr wirkungsvoll sind auch sogenannte „Lowkicks", bei denen Sie den Halbkreisfußtritt z. B. gegen die Innen- oder Außenseite eines Oberschenkels des Angreifers schlagen. Hierbei bietet sich als sehr harte Trefffläche Ihr Schienbein an. Gelingt es Ihnen, einen solchen Halbkreisfußtritt mit all Ihrer Kraft und Dynamik seitlich gegen einen Oberschenkel des Angreifers auszuführen, wird dieser erhebliche Schwierigkeiten haben, sein Bein weiterhin wirkungsvoll gegen Sie einzusetzen oder Ihnen nachzulaufen.

Halbkreisfußtritt in die Kniekehle

Halbkreisfußtritt gegen die Innenseite eines Knies

Halbkreisfußtritt gegen den Oberschenkelmuskel

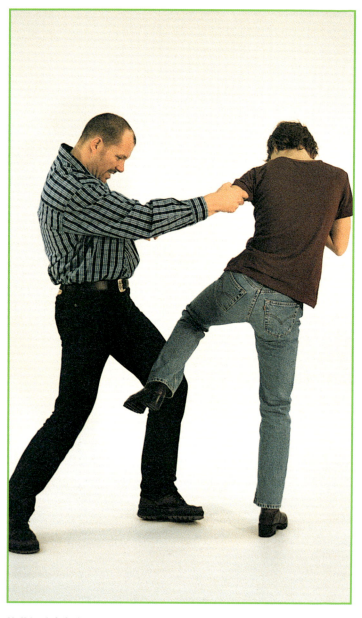

Halbkreisfußtritt gegen die Innenseite des Oberschenkels

ALLTÄGLICHE GEGENSTÄNDE ALS HILFSMITTEL ZUR VERTEIDIGUNG

Im Prinzip ist fast jeder Gegenstand als Hilfsmittel zur Verteidigung geeignet und einsetzbar. Hier eine kurze Aufzählung, denkbarer Objekte, die natürlich nur eine Auswahl sein kann: Zum Stechen eignen sich Kugelschreiber, Schlüssel, Messer und sonstige spitze Gegenstände. Zum Schlagen Handtasche, Schlüsselbund, Schirme, Jacken, zusammengerollte Zeitungen, Steine, Haarbürsten, Aschenbecher, Gläser, ja auch Stühle. Auch Taschenlampen, die auf Grund ihrer Beschaffenheit extrem stabil sind, eignen sich zur Selbstverteidigung. Sie dienen im Dunkeln als Lichtquelle und sind als Schlag- und Stoßinstrument einsetzbar.

Auch Pfeffer, Salz, Mehl, Kosmetikpuder, Erde oder Sand können – in die Augen bzw. das Gesicht des Angreifers gestreut – zur Ablenkung oder Beeinträchtigung eingesetzt werden. Im Gesichtsbereich (ungeschützte Haut, Schleimhäute in Augen/ Nase/ Mund) sind auch Getränke, Haarspray, Deospray, andere Sprays und glühende Zigaretten ähnlich verwendbar.

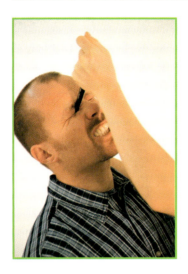

Schreibgerät in ein Auge stechen

Stabförmigen Gegenstand gegen die Schläfe drücken

Schlüssel unter ein Ohr drücken

Stift in die Nase stechen

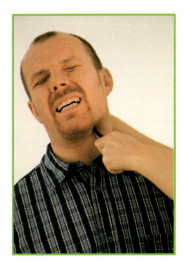

Stabförmigen Gegenstand an den Hals drücken

Stabförmigen Gegenstand in den Schultermuskel drücken

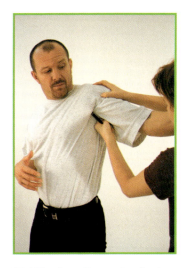

Stabförmigen Gegenstand unter die Achsel stoßen

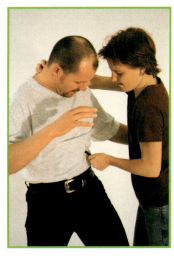

Stabförmigen Gegenstand in die Rippen stoßen

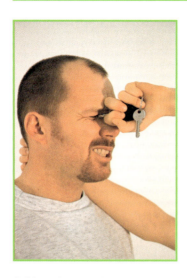

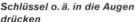

Schlüssel o. ä. in die Augen drücken

Stabförmigen Gegenstand in den Genitalbereich stoßen

▶ **Beispiel:** Katrin lebt auf einem Bauernhof. Hier hilft sie, wie in der Landwirtschaft üblich, bei verschiedenen Arbeiten und hat dadurch für ihr Alter überraschend viel Kraft. Außerdem ist sie gewohnt, Hilfsmittel einzusetzen, wenn sie aus eigener Kraft nicht weiterkommt.

In der Schule durften die Kinder zur Pause oder zum Schulschluß ihren Platz erst verlassen, wenn sie alles aufgeräumt hatten. Katrin war beim Aufräumen so schnell, daß sie das Klassenzimmer immer als erste verließ, obwohl sie in der letzten Reihe saß. Einige Buben planten, dieses beim nächsten Mal zu verhindern. Als die 9jährige wieder einmal als erste zur Tür strebte, stellten sich ihre Mitschüler ihr in den Weg. Katrin registrierte die Schwierigkeit instinktiv, griff nach ihrem Turnbeutel und schlug damit solange auf die Jungen ein, bis sie den Weg freigaben. Sie hatte nie wieder Probleme, sich in der Schule ihren Weg zu bahnen. Von den Mitschülern wurde sie von diesem Tag an bewundert.

IM FACHHANDEL ERHÄLTLICHE HILFSMITTEL ZUR SELBSTVERTEIDIGUNG

Im Fachhandel werden zur Verteidigung verschiedene Hilfsmittel angeboten.

▶ **Gasspraydosen** (Tränengas) haben ohne Gegenwind eine Reichweite von ca. 0,5–1,5 m je nach Fabrikat und Größe. Das Tränengas bewirkt eine Reizung der Schleimhäute im Nasen- und Rachenbereich sowie der Augen (Tränenfluß, Anschwellen und Jucken/Brennen der Augen). Es kann daher unter günstigen Bedingungen eine kurzfristige Kampfunfähigkeit bewirken. Wird es aber zum Beispiel auf eine Brille gesprüht oder trifft der Strahl durch Kopfabdrehen des Angreifers nicht unmittelbar, tritt die Wirkung, wenn überhaupt, erst zu spät ein.

Ein auf dem deutschen Markt relativ neues Abwehrmittel ist das unserer Ansicht nach (im Selbstversuch erprobte) sehr effektive Pfefferspray. Es besteht aus natürlichen Substanzen. In Deutschland ist es zur Zeit jedoch nur zur Abwehr angreifender Hunde zugelassen. In einigen Bundesländern ist die Polizei dabei, das Pfefferspray als Einsatzmittel einzuführen.

▶ **Gasrevolver** haben ohne Gegenwind eine Reichweite von ca. 1 m. Hierbei ist jedoch zu bedenken, daß der Angreifer eine scharfe Waffe vermuten könnte und somit eventuell zu härteren Mitteln (evtl. eigenen Schußwaffen) greift. Zu bedenken ist auch, daß die meisten Menschen durch den seltenen Gebrauch Schwierigkeiten beim Entsichern und Durchladen der Waffe haben.

Da auch geschulte Sicherheitsorgane (öffentlich oder privat) kaum in der Lage sind, eine Gaswaffe von einer echten Handfeuerwaffe zu unterscheiden, ergibt sich hier eine weitere Gefahrenquelle. Das Opfer kann selbst als Täter bzw. Waffenbenutzer und somit potentieller Angreifer der Sicherheitsorgane angesehen werden, wodurch eine entsprechende Reaktion ausgelöst werden kann.

▶ **Schrillalarme** sehen aus wie Gasspraydosen. Durch Druck auf die Kappe erzeugt die Preßluft beim Durchströmen des Auslaßventils einen schrillen Ton, der in der Nähe des Ultraschallbereichs liegt und die Aufmerksamkeit der Umgebung erregt oder den Angreifer verunsichert und eventuell in die Flucht schlägt.

Die auf dem privaten Sicherheitsmarkt erhältlichen ► **Elektroschockgeräte** machen einen Angreifer durch Stromstöße kurzzeitig kampfunfähig. Durch eine hohe Voltzahl (zwischen 30 000 und 160 000 V) und eine relativ geringe Ampèrezahl (0,03 A) tritt bei direktem Körperkontakt mit dem Gerät beim Angreifer eine lokale Muskellähmung ein. Die Wirkung wird auch bei dicker Kleidung (Lederjacke oder Parka) erzielt. Dazu kommt die psychologische Wirkung durch die überspringenden Funken an den beiden Polen des Gerätes. Nachteilig ist jedoch, daß die Anwendung des Gerätes eine relativ kurze Distanz zum Angreifer erfordert. Gegen den Zugriff des Angreifers sind sie durch stromführende Kontaktflächen außerhalb des Griffstückes geschützt. Elektroschockgeräte sind in verschiedenen Variationen erhältlich, zum Beispiel in regenschirmähnlicher Ausführung (Pocket), in „Pistolenform", eingearbeitet in Handtaschen oder Aktenmappen oder als Stromkoffer.

► **Jeder sollte sich darüber im klaren sein, daß alle Hilfsmittel vom Täter zusätzlich gegen ihn selbst eingesetzt werden können.**

Außerdem haben alle Hilfsmittel, die zur Verteidigung angeboten werden einen Kardinalfehler: Sie sind entweder zu groß, zu schwer, zu unhandlich, die Batterien/Gasbehälter sind leer, oder man hat sie erst gar nicht dabei. Deshalb raten die Autoren dringend zur Ausbildung der körpereigenen Waffen. Auch wenn wir damit keineswegs grundsätzlich vom Erwerb der oben genannten Hilfsmittel abraten wollen. Fühlt ein Mensch sich durch den Besitz dieser Geräte sicherer, kommt dies meist auch in seinem Benehmen und seinem Auftreten zum Ausdruck. Dadurch wird er weniger zu einer „Opferausstrahlung" neigen. Trotzdem sollten die Hilfsmittel auch nicht dazu führen, sich selbst und die eigenen Möglichkeiten zu überschätzen.

VORBEUGUNG

Zu Hause

Die Einbruchsrate steigt jährlich, und die Brutalität der Einbrecher nimmt zu. Deshalb sollten Sie Ihre Wohnung im Interesse Ihrer Familie bestmöglich gegen Eindringlinge absichern. Außerdem sollten Sie es sich überlegen, wen Sie in die Wohnung oder Ihr Haus mitnehmen.

Zu Fragen der besseren Wohnungssicherung gibt es Fachbücher, Informationen der Polizei sowie kriminalpolizeiliche Beratungsstellen in allen größeren Städten. Es empfiehlt sich immer, ihren Rat einzuholen. Denn auch die nachfolgenden Tips behandeln nur eine Auswahl der wichtigsten Punkte.

Lassen Sie sich dort oder von der orstansässigen Handelskammer eine seriöse Schlosserei bzw. einen vertrauenswürdigen Schlüsseldienst nennen. Nicht immer ist der billigste Anbieter auch der beste. So erhöht zum Beispiel häufig wechselndes Personal das Risiko des Kunden. Es ist nicht gesagt, daß alle Monteure ihre Schweigepflicht ernst nehmen. Doch die schwarzen Schafe sind glücklicherweise in der Minderheit. Ein fachmännisch eingebautes Schloß kostet den Einrecher auf jeden Fall Zeit oder genügt sogar bereits, um einen Einbruch zu vereiteln. Dasselbe gilt für Alarmanlagen. Beide Maßnahmen nützen im übrigen nichts, wenn man bereitwillig jedem Besucher seine neu erworbenen Sicherungseinrichtung demonstrativ vorführt. Hier nun einige Tips zu Sicherheitsvorkehrungen in Wohnung und Haus.

Allgemein

Je besser eine Wohnung gesichert ist, um so länger braucht ein Einbrecher, um zum Ziel zu gelangen, und um so mehr Lärm wird dabei entstehen. Krach alarmiert meist Nachbarn oder Passanten, diese verständigen eventuell die Polizei.

▶ Verwenden Sie stabile Schlösser, die von außen auch mit Zangen nicht abzudrehen sind.

▶ Halten Sie die Haustür/Wohnungstür stets verschlossen.

▶ Schließen Sie die Tür beim Verlassen der Wohnung doppelt ab. Die Hausratversicherung ist sonst im Falle eines Einbruches eventuell nicht verpflichtet zu zahlen.

▶ In Einfamilienhäusern sollten Kellertreppe und Garageneingang bei Abwesenheit stets verschlossen und gegebenenfalls besonders gesichert werden.

▶ Öffnen Sie die Wohnungstür/Haustür nur nach Rückfrage über eine Gegensprechanlage. Ideal sind die in letzter Zeit recht preisgünstig gewordenen Video-Gegensprechanlagen, über die man sich auch Ausweise zeigen lassen kann.

▶ Lassen Sie eine Sperrkette, eine Türsperre oder einen stabilen Riegel an der Wohnungstüre anbringen. (Hinweis: Sind solche zusätzlichen Sicherungen vorhanden, verlangen die Hausratversicherungen auch deren Benutzung. Erfolgt diese nicht, kann Ihnen das im Versicherungsfall als Fahrlässigkeit ausgelegt werden.)

▶ Bauen Sie einen Türspion ein, falls er nicht bereits vorhanden ist, und denken Sie dabei ggf. an die Körpergröße Ihrer Kinder oder anderer Haushaltsmitglieder.

▶ Wählen Sie eine Außenlichtanlage, die von Bewegungsmeldern gesteuert wird.

▶ Über eine Einbruchsmeldeanlage kann bei der Polizei oder der angeschlossenen Notrufzentrale ein Alarm ausgelöst werden, oder sie alarmieren die Nachbarschaft mit Geräuschen und Lichtsignalen.

▶ Hunde wirken auf die meisten Einbrecher noch immer abschreckend (eine Kassette mit Hundegebell im Zweifelsfall auch) und schlagen zumindest Alarm.

▶ Lassen Sie bei Abwesenheit Ihre Nachbarn oder Freunde nach dem Rechten sehen, oder fragen Sie jemanden, ob er für diese Zeit das Haus hütet.

▶ Wurde in Ihrer Abwesenheit in die Wohnung eingebrochen, so betreten Sie sie nur dann alleine, wenn Sie sicher sind, daß sich keine Einbrecher mehr darin befinden.

▶ Besser wäre es, Sie holen Hilfe bei Nachbarn und/oder verständigen die Polizei.

▶ Benachrichtigen Sie schnellstmöglich alle involvierten Versicherungen, und versorgen Sie diese mit den entsprechenden Daten.

Fenster

Jeder dritte Einbruch erfolgt durch Fenster, Balkon- oder Terrassentüren.

▶ Schließen Sie Ihre Fenster beim Verlassen der Wohnung stets, und lassen Sie Fensterschlösser installieren. Bei zweiflügeligen Fenstern ist durch ein gekipptes Fenster der andere Flügel leicht zu öffnen.

▶ Balkontüren, besonders im Erdgeschoß, sind leicht aufzuhebeln, daher sollten Sie diese mit einem Schloß sichern lassen.

▶ Rolladenschlösser verhindern, daß die Läden hochgeschoben werden können.

▶ Kellerfenster sollten von innen gesichert werden.

▶ Gitterroste von Lichtschächten können durch innen angebrachte Metallhaken und Schlösser zu einem unüberwindlichen Hindernis für Einbrecher werden.

▶ Teure Vorhänge deuten für einen Einbrecher auf eine wertvolle Einrichtung, d. h. gute Beute hin. Fingerfarbenbilder etc. dagegen auf kinderreiche Familien, bei denen es unter Umständen weniger zu holen gibt.

In der Wohnung

▶ Es empfiehlt sich, alle wertvollen Gegenstände (Schmuck, wertvolle Möbel, Antiquitäten, Sammlerstücke usw.) zu fotografieren und eventuell vorhandene Numerierungen etc. zu notieren. Dies erleichtert im Zweifelsfall die Identifizierung des Diebesguts. Die Fotos werden sinnvollerweise außerhalb der Wohnung aufbewahrt, in einem Bankschließfach oder bei Freunden und Bekannten.

▶ Technische Daten und Seriennummern aller Geräte (Fernseher, Stereoanlage, Videorecorder, Computer usw.) aufschreiben und wie die Fotos außerhalb der Wohnung verwahren. Viele sichergestellte Gegenstände können mangels exakter Zuordnungsmöglichkeiten (Gerätenummern und Beschreibungen/Kennzeichnungen) durch die Polizei bzw. die Staatsanwaltschaft nicht zurückgegeben werden.

▶ Aktien, Geburtsurkunden, Testament und sonstige wichtige Dokumente im Bankschließfach aufbewahren.

Außenbeleuchtung

▶ Sorgen Sie für gute Außenbeleuchtung; sehr viele Überfälle, gerade auf Frauen, finden im Eingangsbereich des Hauses statt. Bei der Suche nach dem Schlüssel oder dem Lichtschalter ist man abgelenkt. Ihre Schlüssel sollten Sie daher schon vor Verlassen des Autos, der Öffentlichen Verkehrsmittel usw. griffbereit haben.

▶ Lassen Sie die Außenbeleuchtung brennen, bis auch nachfolgende Familienmitglieder das Haus erreicht haben.

▶ Ebenso wichtig ist die Beleuchtung vor und in der Garage.

▶ Auf Wegen und Pfaden können Bewegungsmelder für ausreichende und zeitgenaue Beleuchtung sorgen.

Es klingelt

▶ Benutzen Sie immer die Türsprechanlage, und fragen Sie, wer da ist.

▶ Schauen Sie sich den/die Besucher durch den Türspion an, und achten Sie darauf, ob sich eventuell weitere Personen versteckt halten (Weitwinkelspion). Öffnen Sie erst, wenn Sie absolut sicher sind, mit wem und mit wie vielen Sie es zu tun haben.

▶ Fordern Sie die Besucher zur Identifizierung auf, und lassen Sie sich ihre Angaben gegebenenfalls telefonisch bestätigen, zum Beispiel bei Handwerkern, die Sie nicht angefordert haben, Beamten ohne/mit Dienstausweis usw. Falsche Polizisten oder Stadtwerkeangestellte treten sehr bestimmt und oft professionell auf.

▶ Diebe verschaffen sich oft unter falschen Vorgaben Zugang zu Wohnungen: Falls ein Fremder Ihr Telefon benutzen will (zum Beispiel, weil jemand verletzt sei), lassen Sie sich die Telefonnummer nennen, und rufen Sie selbst an, ohne die Tür zu öffnen. Vorsicht auch bei Menschen, die Geld wechseln wollen; Schwangeren, die ein Glas Wasser erbitten oder den Anruf bei einem Arzt; Geschenkboten, die mit Blumen vor der Tür stehen und nach dem Öffnen das Opfer niederschlagen; dem Interviewer vom Meinungsforschungsinstitut und den Überbringern von Preisausschreiben- und Lotteriegewinnen.

▶ Allein lebende Frauen sollten nur den Anfangsbuchstaben des Vornamens an die Klingel oder den Briefkasten schreiben, damit keinerlei Rückschlüsse auf das Geschlecht des Bewohners möglich sind. Dieselbe Schreibweise empfiehlt sich auch für das Telefonbuch (ohne Straßenangabe). Es wäre auch denkbar, weitere Namen (Männernamen) an der Türe anzubringen, dies täuscht mehrere Bewohner vor.

▶ Sollten Sie alleine leben, seien Sie vorsichtig bei der Auswahl derjenigen, die Sie mit in Ihre Wohnung nehmen und denen Sie Ihre Adresse oder den Wohnungsschlüssel geben.

▶ Nachnahmepakete für die Nachbarn sollten Sie nur annehmen, wenn diese sie vorher angekündigt haben, denn auch da sind häufig Trickbetrüger am Werk. Wenn Sie selbst ein Paket erwarten, das die Nachbarn oder der Hausmeister entgegennehmen sollen, benachrichtigen Sie sie vorher.

▶ Schreiben Sie alle wichtigen Telefonnummern auf eine Liste, und bewahren Sie diese in der Nähe des Telefons auf.

▶ Verstecken Sie niemals einen Schlüssel außerhalb der Wohnung an einem sogenannten sicheren Ort. Einbrecher kennen diese Verstecke meistens sehr genau.

Unterwegs

▶ Beobachten Sie Ihre Umgebung, wenn Sie unterwegs sind. Viele Menschen neigen dazu, ihren Blick und damit ihre Aufmerksamkeit ausschließlich auf die Füße und den Weg vor sich zu richten. Aber es ist wichtig zu schauen, ob irgendwo ungewöhnliche Aktivitäten stattfinden, wo sich ein potentieller Angreifer verstecken, wer helfen könnte oder wohin Sie fliehen könnten, um sich in Sicherheit zu bringen. Auch Frauen, Jugendliche oder Kinder nicht außer acht lassen (Jugendbanden). Ein Diebstahl kann auch vom Fahrrad, Moped oder Motorrad aus versucht werden.

▶ Bewahren Sie wichtige Dinge in den Innentaschen der Kleidung auf (ggf. nachträglich einnähen lassen) oder in kleineren Umhängetaschen, die Sie unter dem Mantel/der Jacke tragen können.

▶ Wohnungsschlüssel nie zusammen mit Ausweisen etc. auf-bewahren, dem Diebstahl der Handtasche kann dann ggf. leicht ein Ausräumen der Wohnung folgen.

▶ Keine Adresse an die Wohnungsschlüssel.

▶ Nur die Ausweise mitnehmen, die Sie brauchen. Eventuell Kopien anfertigen, bei denen die Anschrift unleserlich gemacht wurde.

▶ Geldbeutel im Gedränge nicht in die Gesäßtasche, sondern in die vordere Hosentasche stecken, Hand darauf halten.

▶ Eventuell zwei Geldbeutel mitnehmen oder etwas Klein-geld lose in die Tasche stecken.

▶ **Beispiel:** Rosemarie, eine 53jährigen Sekretärin, war kurz vor Weihnachten unterwegs, um Geschenke zu besorgen. Sie hatte keine Handtasche dabei, und ihren Geldbeutel mit DM 1100 trug sie in einer Innentasche ihres Mantels. Als sie über eine Brücke ging, kamen ihr zwei Jugendliche entgegen. Als die beiden sich auf gleicher Höhe mit Ihr befanden, zog der eine ein Messer, Rosi wurde von beiden gemeinsam ans Geländer gedrückt, und man verlangte ihr Geld. Rosi griff in diesem Mo-ment geistesgegenwärtig in die äußere Manteltasche, holte DM 2,50 aus der Tasche, die sie für die Fahrt mit öffentlichen Ver-kehrsmitteln immer bereit hat, hielt sie den beiden Räubern unter die Nase und sagte: „Dies ist alles Geld, das ich bei mir habe. Wenn ich euch das gebe, muß ich zu Fuß nach Hause lau-fen. Aber die Fahrt kostet nur DM 1,90, also kann ich euch 50 Pfennig geben." Sprach's und streckte den beiden das 50-Pfen-nig-Stück entgegen. Von dieser Reaktion waren die Angreifer so überrascht, daß sie von Rosi abließen und verschwanden.

▶ Für Ausweise und Geld Brustbeutel benutzen (unter Hemd oder Bluse tragen).

▶ Nur soviel Bargeld bzw. Schecks mitnehmen, wie Sie brau-chen. Jedes Geschäft legt eine größere Anschaffung gegen eine Anzahlung zurück.

▶ Riemen von Umhängetaschen schräg über den Oberkörper tragen, die Tasche unter den Arm klemmen.

▶ Im Zweifelsfall dem Angreifer lieber das Geld überlassen und Gegenwehr vermeiden.

▶ Beim Diebstahl von Schecks oder Scheckkarte diese sofort sperren lassen (Zentralruf für ganz Deutschland 0 69/74 09 87, 24-Stunden-Service).

▶ Richten Sie es nach Möglichkeit so ein, daß Sie nachts nicht alleine unterwegs sind.

▶ Vermeiden Sie nach reichlichem Alkoholgenuß längere Fußmärsche, Sie bringen Kriminelle buchstäblich in Versuchung, Sie als Opfer anzusehen.

▶ Benutzen Sie möglichst nur gut beleuchtete und bevölkerte Straßen.

▶ Seien Sie vorsichtig, wenn Leute nach einer Straße fragen oder Sie um einen Gefallen bitten, zum Beispiel: Können sie mir Geld wechseln? Haben Sie Feuer für mich? Wie spät ist es? Alles kann eine Falle sein.

▶ Halten Sie einen sicheren Abstand zu fremden Personen. Vielleicht ist ein Komplize in der Nähe.

▶ Gehen Sie auf der Straße, falls das sicherer zu sein scheint. Aber achten Sie auf die Autos! Auf der Straße immer dem Verkehr entgegengehen, damit Sie gesehen werden.

▶ Wenn Sie glauben, daß Ihnen jemand folgt, drehen Sie sich um, und kontrollieren Sie es. Falls jemand da ist, weiß er, daß Sie ihn bemerkt haben. Entmutigen Sie ihn mit einem feindlichen Blick und eventuel mit einer direkten Ansprache. Wechseln Sie die Straßenseite oder die Richtung, oder ändern Sie Ihr Tempo, so können Sie am schnellsten herausbekommen, ob es sich um einen Verfolger handelt oder ob die Person nur zufällig in die gleiche Richtung geht.

▶ Wenn Sie glauben, in Gefahr zu sein, schauen Sie nach anderen Leuten, Fluchtmöglichkeiten, Verkehr oder einem bewohnten Haus, in dem Sie Hilfe finden könnten. Falls möglich, laufen Sie weg, und schreien Sie zum Beispiel „Hilfe, Polizei" oder „Feuer". Schlagen Sie Krach. Erregen Sie Aufmerksamkeit um jeden Preis.

▶ Suchen Sie vergeblich Hilfe und niemand öffnet Ihnen oder verständigt die Polizei, werfen Sie zum Beispiel eine Fensterscheibe ein – der Besitzer verständigt nun sicher die Polizei!

Umgebung

▶ Kontrollieren Sie die Gegend um das Haus genau.
▶ Büsche und Bäume bei Bedarf zurückschneiden lassen, damit sie kein Versteck für Einbrecher bzw. Räuber liefern.
▶ Sicht zu den Nachbarn freihalten.
▶ Keine Leitern griffbereit stehen lassen. Weinlaubspaliere, Dachrinnen, Außenkamine etc. überprüfen.

Lernen Sie Ihre Nachbarn kennen

▶ Tauschen Sie für alle Fälle die Telefonnummern aus.
▶ Informieren Sie sich gegenseitig über Abwesenheitszeiten.

Urlaub

▶ Lassen Sie die Wohnung während des Urlaubs nie unbewohnt erscheinen. Nehmen Sie dazu die Hilfe Ihrer Nachbarn in Anspruch. Briefkasten regelmäßig leeren lassen oder für den Zeitraum ein Postfach einrichten, Rolladen öffnen und schließen lassen, Licht am Abend über eine Zeitschaltuhr angehen lassen, Garten pflegen lassen usw.
▶ Nachbarn vor dem Urlaubsantritt verständigen, damit ein Einbruch nicht fälschlicherweise für einen Auszug gehalten wird.
▶ Urlaubsadresse bei Nachbarn oder Freunden hinterlassen.
▶ Sollten Wohnung oder Haus in Ihrer Abwesenheit leer stehen, auf Gepäckanhängern und Flugschein nicht Ihre Privatadresse angeben, sondern die Dienstanschrift.
▶ Gepäckanhänger benutzen, die zuklappbar sind, damit die Adresse nicht von weitem sichtbar ist. Um den Verlust des Gepäckstücks zu vermeiden, Adresse in der Kofferinnenseite gut sichtbar anbringen.
▶ Seien Sie vorsichtig beim Austausch von Adressen und Telefonnummern mit Zufallsbekanntschaften im Urlaub, vielleicht wartet der Komplize zu Hause schon auf den nachgemachten Schlüssel.
▶ Notieren Sie vorsorglich sogenannte Identifizierungsnummern von Ausweisen, der Scheckkarte oder der Fahrkarte (zum

Beispiel Kundennummern), oder machen Sie Fotokopien, damit eine schnelle Einspeicherung im Polizeicomputer möglich ist und die Wiederbeschaffung einfacher ist.

Bank

▶ Bei größeren Geldgeschäften sollten sie sich von einem Menschen ihres Vertrauens begleiten lassen und ggf. mit dem Taxi fahren.

▶ Größere Geldgeschäfte sollten nicht im Kassenraum, sondern in einem Nebenraum abgewickelt werden. Sprechen Sie den Bankangestellten ggf. bereits vorher darauf an.

Geldautomat

▶ Einsam gelegene Geldautomaten meiden.

▶ Steht der Geldautomat wie üblich in einem nur mit Hilfe der Scheckkarte betretbaren Vorraum, sollten Sie besonders bei Dunkelheit darauf achten, daß Sie sich alleine dort aufhalten. Folgt Ihnen jemand, heben Sie kein Geld ab, und verlassen Sie den Raum.

▶ Bewahren Sie Scheckkarte und Geheimnummer getrennt auf; besser ist es, die Nummern auswendig zu lernen.

▶ Nehmen Sie bereits vor Erreichen des Geldautomaten die Scheckkarte zur Hand. Die Suche danach lenkt Sie von der Umgebung ab.

▶ Achten Sie darauf, daß Ihnen bei der Eingabe der Geheimnummer niemand über die Schulter schaut.

▶ Möglichst nur kleinere Beträge abheben.

▶ Geld sofort wegstecken, nicht für andere einsehbar zählen.

Auto

▶ Bewahren Sie keinen Ersatzschlüssel im Auto auf.

▶ Halten Sie Ihr Auto für unvorhergesehene Ereignisse in einem guten Zustand: Die Reifen sollten in Ordnung, genug Benzin sollte im Tank sein.

▶ Parken Sie nachts in gut beleuchteten Gegenden oder auf einem bewachten Gelände. Tiefgaragen sind besser als ihr Ruf – und besser als eine dunkle Straße.

▶ Sind alle Türen und der Kofferraum verschlossen?

▶ Liegt nichts sichtbar im Auto, das einen Einbruch anregt? Das Auto ist kein geeigneter Aufbewahrungsort für Wertgegenstände.

▶ Autoradio sichern, falls herausnehmbar, ebenso wie abnehmbare Bedienelemente usw. mitnehmen. Autotelefone sind besonders begehrt.

▶ Nummerncode und die Gerätenummer des Radios zu Hause notieren.

▶ Achten Sie beim Verlassen des Autos und beim Zurückkommen auf die Straße und die Umgebung.

▶ Schauen Sie in das Auto, bevor Sie einsteigen, ob sich nicht jemand im Auto versteckt hat.

▶ Halten Sie den Autoschlüssel bei der Ankunft am Auto schon griffbereit.

▶ Autonummer notieren, um sie im Falle eines Diebstahl gegenüber der Polizei sofort parat zu haben.

▶ Falls Sie glauben, daß Sie verfolgt werden, fahren Sie in eine Gegend, wo andere Menschen sind und etwas los ist: zum Beispiel an eine Tankstelle oder eine Polizeistation.

▶ Machen Sie zum Beispiel durch Hupe oder Lichthupe auf sich aufmerksam.

▶ Versuchen Sie nicht durch schnelles, riskantes Fahren Ihren Verfolger abzuhängen, dies kann leicht zu einem schweren Unfall führen.

▶ **Beispiel:** Eine unserer Kursteilnehmerinnen wurde nachts auf der Autobahn von einem anderen PKW bedrängt. Während eines Überholvorgangs fuhr er bis auf die Stoßstange auf und setzte den Blinker links. Als die Frau den Überholvorgang be-

endet hatte und wieder rechts fuhr, wechselte auch der Belästiger auf die rechte Spur und fuhr wieder ganz dicht auf ihr Fahrzeug auf. Dann setzte er zum Überholen an, fuhr aber nur neben sie, lachte höhnisch und ließ sich wieder zurückfallen. Während unsere Kursteilnehmerin sich ihrer Heimatabfahrt näherte, bekam sie es mit der Angst zu tun, denn in ihrer Wohnung war niemand, der sie erwartete. Der Belästiger blieb hinter ihr. Sie überlegte zuerst, zu Freunden zu fahren, dann kam ihr eine bessere Idee: Sie steuerte die nächste Polizeidienststelle an. Dies war zwar ein Umweg, aber eine sichere Adresse. Der Belästiger fuhr ihr zunächst noch nach, doch als er das Schild „Polizei" sah, raste er mit quietschenden Reifen davon. Leider hatte sie das Kennzeichen nur teilweise entziffern können.
Somit war eine Anzeige wegen Nötigung im Straßenverkehr nicht möglich.

▶ In der Not auch auf ein Auto auffahren, zum Beispiel an einer roten Ampel, der Fahrer holt sicher die Polizei.

▶ In gefährlichen Gegenden beim Halten vor Ampeln Knöpfe der Türen runterdrücken bzw. die Zentralverriegelung betätigen, damit kein ungebetener Gast zusteigen kann.

▶ Falls Sie in einer abgelegenen Gegend oder auf der Autobahn liegen bleiben, bleiben Sie mit verschlossenen Türen und verschlossenem Verdeck im Wagen. In Amerika signalisiert ein Tuch an der Fahrertüre: Ich brauche Hilfe. Motorradfahrer praktizieren dasselbe, sie binden einen Schal an den Spiegel.

▶ Wenn jemand anhält, bitten Sie ihn, die Polizei, den Pannendienst oder Freunde zu verständigen.

▶ Wenn Sie Ihr Fahrzeug verlassen und sich entfernen müssen, um Hilfe oder Ersatzteile zu organisieren, demontieren Sie Ihre Nummernschilder. Sie könnten für zufällig vorbeifahrende Kriminelle eine willkommene Beute sein. Dasselbe gilt auch, wenn Sie Ihr Auto wegen eines technischen Defekts im Ausland in einer Werkstatt stehen lassen müssen.

▶ **Beispiel:** Wegen einer Reifenpanne mußte eine unserer Kursteilnehmerinnen bei Dunkelheit auf einer unbeleuchteten Landstraße zwischen zwei Ortschaften anhalten. Da sie den Reifen nicht selbst wechseln konnte, holte sie sich zunächst einen großen Schraubenschlüssel als eventuelles Verteidigungs-gerät aus dem Kofferraum, setzte sich wieder in den Wagen und schaltete das Warnblinklicht ein. Angsterfüllt ging ihr durch den Kopf, was in dieser Situation alles passieren könnte.

Nachdem schon mehrere Fahrzeuge an ihr vorbeigefahren waren, hielt plötzlich ein Fahrzeug hinter ihr an. Der Fahrer blieb eine ganze Weile in seinem Fahrzeug sitzen. Unsere Kursteilnehmerin verriegelte alle Türen von innen. Nach einiger Zeit stieg der Fahrer des Wagens aus und kam zu ihrer Fahrertür. Zögernd kurbelte die Frau die Scheibe einen Spalt breit herunten. Der Mann fragte, ob er ihr helfen könne. Skeptisch überlegte sie, was sie tun sollte. Da es ihr gefährlicher erschien, zu Fuß bis zur nächsten Ortschaft zu gehen, entschied sie, sich helfen zu lassen. Ohne auszusteigen schickte sie den Mann an ihren Kofferraum, das Werkzeug und das Ersatzrad herauszu-holen. Er tat dies bereitwillig. Um den Reifen leichter wechseln zu können, bat er sie, aus dem Fahrzeug auszusteigen. Unsere Kursteilnehmerin schickte den Mann erst wieder ans Heck des Fahrzeugs, bevor sie, immer noch mit dem Schraubenschlüssel bewaffnet, ausstieg und einen Standort mit ausreichendem Si-cherheitsabstand zu ihm in der Nähe der Fahrertür einnahm. Als der Mann den Reifen gewechselt hatte, bat sie ihn, das Werkzeug zurück in den Kofferraum zu tun. Während er dies tat, stieg sie sofort wieder in den Wagen und verriegelte die Türen. Bevor er zu seinen Wagen gehen wollte, gab sie ihm durch den Fensterspalt einen Zettel mit der Bitte, ihr seine Adresse aufzuschreiben. Der Mann tat dies, ging kopfschüttelnd zu sei-nem Wagen und fuhr davon. Später schrieb unsere Kursteilneh-merin dem Helfer einen Brief, in welchem sie ihr Verhalten als reine Sicherheitsmaßnahme begründete und sich für die nette und zuvorkommende Hilfe bedankte.

▶ Falls sie auch keinen Reifen wechseln können, sollten Sie einen Pannenkurs besuchen, zum Beispiel bei der Volkshoch-schule oder sonstigen kommunalen Einrichtungen, oder es sich von einem Freund beibringen lassen. Im Zweifelsfall besser mit Plattfuß weiterfahren und eine kaputte Felge riskieren.

▶ Seien Sie vorsichtig bei Annahme der Hilfe von Fremden.

▶ Vorsicht bei fingierten Unfällen.

▶ Bringt Sie jemand mit dem Auto nach Hause, bitten Sie ihn zu warten, bis Sie im Haus sind.

Reisen per Anhalter

Viele Frauen werden vergewaltigt, wenn sie per Anhalter reisen. Falls Sie dennoch als Anhalterin bzw. Beifahrerin reisen müssen oder wollen, sollten Sie auf folgendes achten:

▶ Sollte eine andere Möglichkeit vorhanden sein, nutzen Sie diese, zum Beispiel den Bus.

▶ Versuchen Sie Mitfahrgelegenheiten von Bekannten oder Freunden zu nutzen.

▶ Mitfahrgelegenheiten über Mitfahrzentralen suchen, hier sind die Daten registriert, und beide müssen sich an die Verabredung (Bezahlung gegen Transport) halten.

▶ Wenn möglich, zu mehreren fahren.

▶ Vor dem Einsteigen Autonummer und Marke sowie Farbe notieren oder merken.

▶ Bevor Sie einsteigen, mit dem Fahrer sprechen.

▶ Schauen Sie ihm in die Augen, beobachten Sie sein Verhalten.

▶ Fragen Sie nach seinem Ziel, bevor Sie Ihres nennen, so können Sie gegebenenfalls höflich ablehnen.

▶ Erscheinung des Fahrers für eine eventuelle Beschreibung einprägen.

▶ Sofort nach dem Einsteigen in ein fremdes Auto für alle Fälle (Unfall, Belästigung) den Lösemechanismus des Sicherheitsgurtes einmal kurz öffnen und wieder schließen.

▶ Sind Sie in ein Auto eingestiegen und der Fahrer gefällt Ihnen nicht, bedrängt Sie oder will Sie nicht aussteigen lassen:

 – Fahrer belästigen, zum Beispiel ihn an die Nase und die Ohren fassen,

 – in der Nase bohren, damit die Scheiben verschmieren,

 – Kassetten zum Fenster hinauswerfen,

 – Klappe vom Handschuhfach demolieren,

 – brennende Zigaretten in den Wagen werfen,

- mit brennenden Zigaretten oder Feuerzeug die Innenver-
kleidung ansengen,
- Aschenbecher in den Schoß des Fahrers lehren,
- in das Auto urinieren,
- Gegenstände als Werkzeuge nutzen, zum Beispiel Schlüssel in der Faust bereithalten,
- an roten Ampeln oder bei anderen Gelegenheiten versuchen, das Auto zu verlassen.

Öffentliche Verkehrsmittel

▶ Wenn Sie öffentliche Verkehrsmittel benutzen, sollten Sie
die Fahrstrecke und die Abfahrtszeiten genau kennen, um un-
nötige Wartezeiten zu vermeiden.

▶ Warten Sie nachts an einer gut beleuchteten Stelle.

▶ **Beispiel:** Jutta M., Serviererin, hatte am Vortag im Selbst-
verteidigungskurs Ellenbogenschläge in der Umklammerung
nach allen Seiten geübt. Sie war aus der U-Bahn ausgestiegen
und wartete an der Bushaltestelle auf den Bus. Da sie die ge-
naue Abfahrtszeit nicht im Kopf hatte, schaute sie auf den Fahr-
plan. Plötzlich kam ein angetrunkener Mann von hinten auf sie
zu, legte seinen Arm um ihre Schulter und fragte: „Na, wollen
wir zusammen noch einen trinken gehen?" Jutta berichtet, in
diesem Moment habe sie überhaupt nicht überlegt, sondern sofort einen Ellenbogenschlag rückwärts angesetzt und den
Mann mitten ins Gesicht getroffen. Dieser torkelte getroffen
rückwärts gegen einen Pfahl, sackte zu Boden und bemerkte erstaunt: „So war das doch gar nicht gemeint!" Anschließend ent-
fernte er sich beschleunigten Schrittes. Jutta setzte sich darauf-
hin neben einen Mann auf die Bank bei der Haltestelle. Dieser
sah sie entsetzt an, stand auf und zog es vor, in sicherem Abstand von ihr auf den Bus zu warten.
Als sie davon in der nächsten Stunde berichtete, beneideten sie
die anderen Kursteilnehmerinnen um dieses Erfolgserlebnis.
Erfolg verleiht neue Energie, spornt an und ermutigt einen,
öfter für sich selbst einzustehen, den eigenen Standpunkt und
die eigene körperliche und seelische Unversehrtheit zu vertei-

digen. Dies macht sich in vielen Lebensbereichen positiv bemerkbar.

▶ Auch hier gilt: Beobachten Sie Ihre Umgebung.

▶ Fahrpreis abgezählt oder zumindest Kleingeld bereithalten, um den Geldbeutel nicht den Blicken anderer auszusetzen.

▶ Schauen Sie sich die anderen Fahrgäste an: Wer würde Ihnen vielleicht helfen?

▶ Fixieren Sie Ihren Blick nicht auf Ihre Füße oder einfach in Fahrtrichtung des Verkehrsmittels, das erleichtert potentiellen Angreifern die Annäherung.

▶ Bleiben Sie bei anderen Fahrgästen stehen.

▶ Setzen Sie sich nachts in U- und S-Bahnen in den ersten Wagen in die Nähe des Fahrers, oder fragen Sie andere Fahrgäste, ob Sie sich zu ihnen setzen dürfen, dann kann sich kein anderer dazusetzen.

▶ Falls Sie in öffentlichen Verkehrsmitteln belästigt werden, setzen Sie sich an einen anderen Platz.

▶ Reagieren Sie laut, zum Beispiel durch „Finger weg", „Faß mich nicht an" usw. und stellen Sie den Täter damit bloß.

▶ Bei körperlichen Attacken sofort zuschlagen oder -treten.

▶ Verständigen Sie den Fahrer.

▶ Schauen Sie sich beim Aussteigen um, ob Ihnen niemand folgt.

▶ Falls doch, gehen Sie an einen belebten Ort, zum Beispiel in eine Gaststätte, eine Tankstelle, ein Geschäft oder wo Sie sonst Hilfe bekommen.

▶ Gepäck (am Bahnsteig, im Flughafen) nie unbeobachtet lassen.

▶ Beim Telefonieren Aktentasche in die Telefonzelle mitnehmen.

Seien Sie stets bereit, Personen, die sie persönlich um Hilfe bitten, und Opfern zu helfen, einen Notrufmelder zu betätigen oder die Polizei zu verständigen. Vielleicht brauchen Sie schon morgen selber Hilfe!

SELBSTVERTEIDIGUNGSTRAINING
IN VEREINEN UND SCHULEN

Da die Autoren Ju-Jutsu für die effektivste Art der Selbstverteidigung halten, sind im folgenden die Adressen der Ju-Jutsu-Landesverbände aufgeführt, bei denen man Ihnen gerne weiterhelfen und weitere Auskünfte erteilen wird. Sie können natürlich auch andere Budosportarten wie Karate oder Judo ausüben.
Die folgende Liste der Ansprechpartner ist nicht vollständig.

Deutscher Ju-Jutsu-
Verband e.V.
Fachverband für moderne
Selbstverteidigung und
Kampfsport
Bundesgeschäftsstelle
Schnackenburgallee 149 C
22525 Hamburg
Tel.: 0 40 / 54 50 55

Ju-Jutsu-Verband Baden
Vorsitzender Heinz Lamade
Postfach 1205
69190 Walldorf/Baden
Tel.: 0 62 27/82 10-11

Ju-Jutsu-Verband
Bayern
Geschäftsstelle
Georg-Brauchle-Ring 93
80992 München
Tel.: 0 89/15 70 24 45

Berliner
Ju-Jutsu-Verband
Präsident Detlev Krause
Minzweg 11
12357 Berlin
Tel.: 0 30/66 09 81 29

Brandenburgischer
Ju-Jutsu-Verband
Wolfgang Reitsch
Grüne Aue 6
14776 Brandenburg
Tel.: 0 33 81/22 30 04

Ju-Jutsu-Verband
Bremen
Lars Müller
Freiherr-vom-Stein-Straße 30
27612 Loxstedt
Tel./Fax: 0 47 44/82 00 59

Hamburgischer
Ju-Jutsu-Verband
Postanschrift
Flaßheide 37
22525 Hamburg
Tel.: 0 40/5 40 69 5 3

Hessischer
Ju-Jutsu-Verband
Geschäftsstelle
Virchowstraße 4
35578 Wetzlar
Tel.: 0 64 41/679 03 2 4

Ju-Jutsu-Verband
Mecklenburg-Vorpommern
Vorsitzender Uwe Claussen
Mecklenburger Straße 119
23909 Ratzeburg
Tel.: 0 38 5/3 98 43 94

Niedersächsischer
Ju-Jutsu-Verband
Heinrich Conrads
Birkenweg 1, Nesselröden
37115 Duderstadt
Tel.: 0 55 27/55 42

Nordrhein-Westfälischer
Ju-Jutsu-Verband
Geschäftsstelle
Breslauer Straße 8
41334 Nettetal
Tel.: 0 21 57/81 13 63

Ju-Jutsu-Verband
Rheinland-Pfalz
Geschäftsstelle
Mittelhambacher Straße 9
67434 Neustadt
Tel.: 0 63 21/35 52 41

Saarländischer
Ju-Jutsu-Verband
Gerhard Metzler
Behringstraße 13
66119 Saarbrücken
Tel.: 06 81/85 25 86

Sächsischer
Ju-Jutsu-Verband
Klaus Möbius
Aufbauweg 11a
04561 Flößberg
Tel.: 0 34 34 5/25 76 3

Ju-Jutsu-Verband
Sachsen-Anhalt
Silvio Klawonn
Bergstraße 25
06712 Frauenhain
Tel.: 0 34 41/21 18 34

Schleswig Holsteinischer
Ju-Jutsu-Verband
Uwe Weinkauf
Hebbelstraße 7a
25551 Hohenlockstedt
Tel.: 0 48 26/17 94

Thüringer
Ju-Jutsu-Verband
Gert Häckel
Koppengasse 6a
98553 Hinternah
Tel.: 0 36 84 1/41 90 3

Ju-Jutsu-Verband
Württemberg
Andreas Trommer
Karlsruher Allee 55
71636 Ludwigsburg
Tel.: 0 71 41/44 01 25